Heilwig Illies

AUF DER SUCHE NACH ANTWORT

Heilwig Illies

AUF DER SUCHE NACH ANTWORT

Eine Einführung
in exegetische Überlegungen

Calwer Verlag Stuttgart

CIP-Kurztitelaufnahme der Deutschen Bibliothek
Illies, Heilwig:
Auf der Suche nach Antwort : e. Einf. in exeget. Überlegungen / Heilwig Illies. – Stuttgart : Calwer Verlag, 1979.
(Ein Arbeitsbuch für die Aus- und Weiterbildung kirchlicher Mitarbeiter)
ISBN 3-7668-0610-6

ISBN 3-7668-0610-6
Calwer Verlag Stuttgart 1979

(Arbeitsbücher für die Aus- und Weiterbildung kirchlicher Mitarbeiter, herausgegeben vom Sekretariat des Bundes der Evangelischen Kirchen in der DDR)
Printed in the German Democratic Republic
Satz und Druck: VOB Buch- und Offsetdruck, Leipzig

Inhalt

Einleitung

An Auslegungen biblischer Bücher oder einzelner Texte aus der Bibel herrscht wahrlich kein Mangel! Ein Blick in die Regale einer evangelischen oder katholischen Buchhandlung oder in deren Prospekte macht dies deutlich. Woche um Woche bringen Gemeinde- und Kirchenblätter Besinnungen oder Auslegungen zu biblischen Texten, Sonntag um Sonntag wird über Texte der Bibel gepredigt. Dabei werden allermeist, bewußt oder unbewußt, bestimmte exegetische Erkenntnisse vorausgesetzt, die den Verfassern oder Predigern so geläufig sind, daß sie meinen, darüber nicht mehr schreiben oder sprechen zu müssen. In diesem Arbeitsbuch wird eingehend und gründlich der Versuch gemacht, kirchliche Mitarbeiter mit einigen von diesen – scheinbar so selbstverständlichen – Gedankengängen vertraut zu machen.

Die Wahl der Bibeltexte mag zufällig erscheinen, im Blick auf das Ziel ist sehr überlegt ausgewählt worden. Es wurde zunächst nicht danach gefragt, was der Text aussagen will oder ob seine Aussage uns etwas angeht. Vielmehr waren die Erkenntnisse der exegetischen Schritte, die gewonnen werden sollten, maßgebend. Daß aber gerade diese intensive exegetische Arbeit zur Aussage des Textes führen will, wird hoffentlich deutlich.

Die Einzeldarstellungen wollen beispielhaft verstanden werden: So oder ähnlich kann man an Texte der Bibel herangehen. Gerade das aber könnte dazu führen, daß der eine oder andere Mitarbeiter das Buch erschreckt beiseite legt: Ich werde mit meinen Vorbereitungen ja nie fertig, wenn ich bei jedem Text so viele Einzelschritte zurücklegen muß. Letzteres zu verlangen ist nicht die Absicht der Einzeldarstellungen! Sie wollen vielmehr Grundeinsichten vermitteln, die dann als selbstverständliche Arbeitsvoraussetzungen mitgenommen werden können. Dem wollen auch die markierten Zusammenfassungen und die Übersichten am Schluß jeder Auslegung dienen. Die eigene Weiterarbeit soll also nicht erschwert, sondern erleichtert und zugleich der Zugang zu den Kommentaren gefördert werden.

Und der Titel des Buches? Er will andeuten, daß wir bei alledem auf der Suche nach Antwort sind – nach Antwort auf unsere Fragen nach Gott und damit nach uns selbst.

I. Das Zöllnergastmahl

Markus 2,13–17
Erste Einführung in exegetische Überlegungen

VORBEMERKUNG

In diesem Beitrag geht es um das Verständnis des Bibelabschnittes Markus 2,13–17. Der Weg, der dabei beschritten wird, mag vielen zu ausführlich dargeboten sein. Die Breite aber ist Absicht. Es soll nun eben doch nicht nur um diesen einen Text gehen. Mit ihm soll ein in exegetischen Fragen ungeübter Leser eingeführt werden in das Verstehen alter Überlieferungen. Er soll ermutigt werden, auch andere Bibelabschnitte zu ergründen, ihnen so Gegenwartsbezüge abzugewinnen. Darum die Bitte: Verlieren Sie beim Mitdenken nicht die Geduld. Nach allen scheinbaren Umwegen will der Text vom Zöllnergastmahl zur Sprache kommen!

1. TEXTVERGLEICH

Obwohl der eine Text interessiert, sollen zunächst zwei weitere herangezogen werden, Matth. 9,9–13 und Luk. 5,27–32. Der Grund wird schnell einsichtig sein: Die gleiche Begebenheit wird erzählt. Ein Vergleich der Texte legt sich darum nahe.

1.1. Die Texte

	Matth. 9,9–13	Mark. 2,13–17	Luk. 5,27–32
Nr. 1		(13) Und er ging wieder an den See hinaus, und alles Volk kam zu ihm, und er lehrte sie.	
Nr. 2	(9) Und von dort weitergehend *sah* Jesus einen Mann *an der Zollstätte sitzen*, der hieß Matthäus; und er sagt *zu ihm: Folge mir nach! Da stand er auf und folgte ihm nach.*	(14) Und vorübergehend *sah* er Levi, den Sohn des Alphäus, *an der Zollstätte sitzen*, und er sagt *zu ihm: Folge mir nach! Da stand er auf und folgte ihm nach.*	(27) Und danach ging er hinaus und *sah* einen Zöllner mit Namen Levi *an der Zollstätte sitzen* und sprach *zu ihm: Folge mir nach! Da* verließ *er* alles, *stand auf und folgte ihm nach.*

Nr. 3	(10) Und es geschah, als er zu Tische saß *im Hause*, und siehe, da kamen viele *Zöllner* und Sünder und *saßen mit* Jesus und seinen Jüngern *zu Tische.*	(15) Und es geschieht, daß er zu Tische sitzt *in* seinem *Hause*; und viele *Zöllner* und Sünder *saßen mit* Jesus und seinen Jüngern *zu Tische*; denn es waren viele und sie folgten ihm nach.	(29) Und Levi veranstaltete für ihn ein großes Mahl *in* seinem *Hause*; und es war eine große Schar von *Zöllnern* und anderen da, die mit ihnen *zu Tische saßen.*
Nr. 4	(11) Als die *Pharisäer* das sahen, *sagten* sie zu *seinen Jüngern*: Warum ißt euer Meister *mit* den *Zöllnern und Sündern?*	(16) Und als die Schriftgelehrten der *Pharisäer* sahen, daß er mit den Zöllnern und Sündern aß, *sagten* sie zu *seinen Jüngern*: *Mit Zöllnern und Sündern* ißt er?	(30) Da murrten die *Pharisäer* und ihre Schriftgelehrten gegen *seine Jünger* und *sagten*: Warum eßt ihr *mit Zöllnern und Sündern?*
Nr. 5	(12) Er aber hörte es und sagte: *Nicht die* Starken *bedürfen des Arztes, sondern die Kranken.*	(17) Da Jesus das hört, sagt er zu ihnen: *Nicht die* Starken *bedürfen des Arztes, sondern die Kranken.*	(31) Und Jesus antwortete und sagte zu ihnen: *Nicht die* Gesunden *bedürfen des Arztes, sondern die Kranken.*
Nr. 6	(13) Gehet aber hin und lernet, was das heißt: „Barmherzigkeit will ich und nicht Opfer.“		
Nr. 7	Denn *ich bin nicht gekommen, Gerechte zu rufen, sondern Sünder.*	*Ich bin nicht gekommen, Gerechte zu rufen, sondern Sünder.*	(32) *Ich bin nicht gekommen, Gerechte zu rufen, sondern Sünder* zur Buße.

1.2. Der Aufbau der Texte

Die Versangaben machen deutlich, daß die Texte so wiedergegeben sind, wie sie sich in den Evangelien finden.
Die Numerierungen an der linken Seite wollen der Übersichtlichkeit dienen und zugleich zeigen, daß alle drei Evangelisten nicht nur gleiches Geschehen, sondern von diesem in gleichem Aufbau erzählen:

Nr. 2 Berufung eines Zöllners
Nr. 3 Mahlzeit Jesu mit den Zöllnern
Nr. 4 Pharisäer stellen eine Frage nach dem Tun Jesu; sie wenden sich an die Jünger, nicht an Jesus selbst
Nr. 5 Nicht die Jünger antworten, sondern Jesus; ein Bildwort begegnet und
Nr. 7 ein Wort von dem Gekommensein Jesu

Bei Markus geht dem Ganzen eine Notiz vom Lehren Jesu voran (Nr. 1); bei Matthäus enthält die Antwort Jesu noch einen Hinweis auf ein Prophetenwort des Alten Testamentes (Nr. 6). Davon abgesehen erzählen aber alle drei Evangelisten nicht lediglich von ein und demselben Ereignis im Leben Jesu; das wäre kaum verwunderlich. Erstaunlich aber ist, daß sie hiervon in so einförmiger Weise erzählen! Hätte nicht jedem etwas anderes wichtig sein können? Wäre es nicht interessant gewesen zu erfahren, was den Zöllner veranlaßte, Jesus auf ein Wort hin zu folgen? Kannte er ihn schon? Woher kamen die vielen Zöllner, die mit Jesus Gemeinschaft hielten, und wer waren die Sünder? Wie kamen sie dazu, sich ihm zuzugesellen? Und gab es kein anderes Echo auf dieses Geschehen als das kritische der Pharisäer? Ja, wo stehen die Pharisäer eigentlich, als sie die Jünger fragen? Und sie fragen die Jünger, Jesus aber antwortet. Steht er daneben? Warum fragen sie ihn nicht selbst? Und schließlich: Wie wirkt seine Antwort auf sie? Sind sie zufrieden, nehmen sie sie an?

Bei allen drei Evangelisten bleiben viele Fragen unbeantwortet, ja bleibt der Geschehensablauf undeutlich.

Lediglich Lukas erzählt an einer Stelle anschaulicher. Er sagt, das Mahl habe im Hause des Zöllners stattgefunden, denn dieser habe nach seiner Berufung für Jesus ein Gastmahl zubereitet. Das klingt einleuchtend. Wenn es dagegen bei Matthäus „im Haus" heißt oder bei Markus „in seinem Haus", weiß man nicht so recht, wessen Haus gemeint ist.

1.3. Der Wortschatz

Der Kursivdruck will darauf hinweisen, daß die Evangelisten zu einem beachtlichen Teil gleiche Worte und sogar Satzformulierungen benutzt haben. Nicht nur, wenn es sich um direkte Rede Jesu handelt! So begegnen z. B. in Nr. 2 folgende Verben:

Matth.	Mark.	Luk.
(weiter)gehen	(vorüber)gehen	(hinaus)gehen
sehen	sehen	sehen
sitzen	sitzen	sitzen
heißen		
sagen	sagen	sagen
nachfolgen	nachfolgen	nachfolgen
		verlassen
aufstehen	aufstehen	aufstehen
nachfolgen	nachfolgen	nachfolgen

Die weitgehende Übereinstimmung dürfte verblüffen! Machen wir einmal den Versuch und lassen drei Leute von einem Geschehen erzählen. Sie werden nicht nur Verschiedenes für des Erzählens wert erachten, sie werden auch da, wo sie Gleiches bringen, in der Wortwahl nicht annähernd so übereinstimmen, wie wir es bei diesen Texten beobachten können. Bei Nr. 3 und 4 und 5 und 7 lassen sich ähnliche Beobachtungen machen.

1.4. Folgerungen aus Aufbau und Wortschatz

Der gemeinsame Aufbau und der gemeinsame Wortschatz dürften darauf hinweisen, daß hier nicht drei Männer Gleiches erlebt und getrennt aufgeschrieben haben. Hingegen muß eine gemeinsame schriftliche Überlieferung vorausgesetzt werden.[1]

Andere Texte bestätigen die These von einer gemeinsamen Überlieferung. Die bei allen drei Evangelisten vorhergehende und auch die folgende Perikope können z. B. einer diesbezüglichen Prüfung unterzogen werden. Immer springt ins Auge:

gemeinsamer Aufbau
gemeinsamer Wortschatz

Einer bietet etwas mehr, der andere weniger, aber das rechtfertigt nie die Meinung, drei Augenzeugen hätten getrennt erzählt.[2]
Wir können also festhalten:

Den Texten, die sich bei Matthäus, Markus und Lukas finden, muß eine gemeinsame Überlieferung zugrunde liegen.

1.5. Textunterschiede

Bei aller Gemeinsamkeit fallen aber doch Unterschiede ins Auge. Wie es zu diesen gekommen ist, soll beispielhaft gezeigt werden.

1.5.1. Bei Markus fragt man sich, warum Nr. 1 voransteht. Zumal wenn man weiß, daß zur Zeit Jesu der Lehrende zu sitzen pflegte (vgl. Mark. 4,1; 13,3 und Matth. 5,1), erkennt man keinen unmittelbaren Zusammenhang zwischen Nr. 1 und Nr. 2: Jesus lehrt am See (Nr. 1); er geht an einer Zollstätte, die an einer Straße oder Brücke oder am Stadttor zu denken ist, vorüber (Nr. 2). Es handelt sich also um zwei getrennte Szenen! Wenn man sich nun im Markusevangelium umschaut, kann man erkennen, daß es für Markus typisch ist, das Lehren Jesu zu erwähnen ohne zu sagen, was er lehrt. Statt dessen wird anschließend von einem Tun erzählt (6,34 ff.; 1,39 ff.; 1,27) oder ein Gespräch geboten (2,13 ff.; 10,1 ff.). So kann man annehmen, daß Markus selbst die Notiz vom Lehren Jesu vorangestellt hat.

1.5.2. Der Matthäustext bietet im Unterschied zu Markus und Lukas eine weitere Antwort Jesu, einen Hinweis auf ein Prophetenwort des Alten Testamentes (Nr. 6). Der gleiche findet sich in 12,7, auch dort in einem Abschnitt, den Markus und Lukas ohne dieses Wort bringen.
Nun finden sich im Matthäusevangelium überhaupt vielfältige Bezüge auf das Alte Testament (vgl. z. B. Matth. 21,4b und 5 und Vers 16). Der Evangelist hat offensichtlich ein großes Interesse daran, zu zeigen, daß Jesus und seine Botschaft dem Wort Gottes, das an die Väter erging, entspricht. So dürfen wir annehmen, daß er den Hinweis auf das Alte Testament meinte ergänzen zu müssen.
Auch ist nicht zu übersehen, daß der Zöllner bei ihm einen anderen Namen trägt als bei Markus und Lukas. Daraus ist mitunter geschlossen worden, daß der Evangelist seine eigene Berufung erzähle. Aber hätte er diese nach gemeinsamer Überlieferung gestaltet?
Eine andere Erklärung ist möglich. In Matth. 10,2–4 und Mark. 3,16 f. und Luk. 6,13–16 werden die Namen der zwölf Jünger Jesu genannt. Da diese Namensliste bei allen drei Evangelisten begegnet, dürfen wir wieder mit ihnen gemeinsamer Überlieferung rechnen. Nun findet sich nicht der Name des Levi. Hat er nicht zu den zwölfen gehört, oder hat er anders geheißen? Der Evangelist Matthäus bezeichnet den Jünger Matthäus als Zöllner. Es ist anzunehmen, daß er in der Berufungsszene den Namen Levi in Matthäus geändert hat, um die ihm überkommenen Überlieferungen einander anzugleichen und um zu

betonen, daß es sich bei dem vom Zoll weg Berufenen um einen der zwölf Jünger gehandelt habe.

1.5.3. Eine Eigenart des Lukas sei bedacht: Nur bei ihm erscheint in Nr. 7 das Wort „Buße". Eine kleine Statistik möge sprechen: Das Hauptwort „Buße" begegnet im Markusevangelium einmal, in dem des Matthäus zweimal, bei Lukas fünfmal; das Tätigkeitswort „Buße tun" bei Markus zweimal, bei Matthäus fünfmal, bei Lukas neunmal. Das dürfte zeigen, daß der Evangelist Lukas besonderes Interesse daran hat, zu zeigen, daß der Sünder zur Buße, d. h. zur Umkehr, gerufen wird. Damit könnte es auch zusammenhängen, daß Lukas in Nr. 2 die Worte bietet: „da verließ er alles".

1.5.4. Zusammenfassend kann gesagt werden:
Wohl bringen die drei ersten Evangelisten Texte aus gemeinsamer Überlieferung, doch übernehmen sie sie nicht automatisch: Man kann erkennen, daß sie an den Texten bewußt gearbeitet haben.

Die Evangelisten haben an den Überlieferungen bewußt gearbeitet.

2. DIE FORM DES TEXTES

Nachdem wir den Text Mark. 2,13–17 mit den Paralleltexten bei Matthäus und Lukas verglichen haben, wollen wir versuchen, Einblick in die Form des Textes zu nehmen. Dazu soll eine Gliederung helfen und der Vergleich mit ähnlich aufgebauten Evangelientexten.

2.1. Die Gliederung des Textes

Mit der Aufteilung des Textes in Nr. 1 bis Nr. 7 ist nicht zugleich die Gliederung gegeben. Diese könnte so aussehen:

Nr. (1 und) 2 und 3	Geschehen oder „Fall"
Nr. 4	Frage
Nr. 5 (und 6) und 7	Antworten

Genaugenommen bezieht sich allerdings nur bei Lukas die Frage (Nr. 4) auch auf Nr. 2, denn nur bei ihm gehören Nr. 2 und Nr. 3 direkt zusammen: Das Mahl findet im Haus des Zöllners statt, den Jesus berufen hat. Nach Matthäus und Markus wird dieses nicht so erzählt. Dort meint man, daß die Berufung mit der Nachfolge zu ihrem Ziel gekommen ist. Weder Nr. 3 noch Nr. 4 nehmen ersichtlich Bezug darauf. Das wird noch deutlicher, wenn wir Mark. 1,16–20 und Matth. 4,18–22 zum Vergleich hinzuziehen. In gleicher Weise werden zweimal hintereinander Berufungen erzählt: Jesus sieht Menschen im Alltag ihres Berufs; Jesus ruft, sie folgen ihm nach. Damit sind diese Texte zu ihrem Ziel gekommen. Dort liegt also das gleiche Erzählschema vor wie hier. Darum ist es denkbar, daß die Berufung des Zöllners Levi nach diesem Schema geformt und mit der Über-

lieferung vom Zöllnergastmahl zusammengestellt worden ist. Aber warum? Die Frage Nr. 4 wäre doch auch ohne diese Szene verständlich!
Doch beachten wir die Antworten, die gegeben werden. Das Bildwort (Nr. 5) läßt sich gut als Antwort auf die in Nr. 4 in Frage gestellte Mahlgemeinschaft verstehen: Jesus – der Arzt – nimmt sich im Mahl der Zöllner und Sünder – der Kranken – an.
Das Wort vom Gekommensein Jesu (Nr. 7) redet vom „Rufen". Hiervon ist in Nr. 2 ausdrücklich die Rede. Von der Antwort her dürfte darum auch für Matthäus und Markus Nr. 2 zum Text hinzugehören. Es wird gesagt, daß Jesus gekommen ist, Sünder zu rufen, so, wie er den Zöllner rief (vgl. Mark. 1,20 „er rief sie").

So ließe sich die Gliederung noch verfeinern:

Nr. 2	Geschehen	a
Nr. 3		b
Nr. 4	Frage	
Nr. 5	Antworten	b
Nr. 7		a

Sie zeigt, daß zwischen den Einzelaussagen des Textes ein gegliederter Zusammenhang besteht:

Die Texte sind bewußt geformt.

Zu fragen bleibt, wie sich bei Markus Nr. 1 und bei Matthäus Nr. 6 einordnen lassen.

2.2. Formaler Vergleich mit anderen Texten der Evangelien

Es finden sich in den Evangelien noch weitere Texte, die eine annähernd gleiche Gliederung zeigen. Betrachten wir zunächst Mark. 2,23–28; Matth. 12,1–8 und Luk. 6,1–5.
Zur besseren Einsicht möge der Leser sich diese Texte in gleicher Weise aufbereiten, wie es unter 1.1. mit Mark. 2,13 ff. und Parallelen versucht wurde. Wieder können Unterstreichungen und Numerierungen verdeutlichen, daß eine gemeinsame Überlieferung vorliegt. Im jetzigen Zusammenhang interessiert jedoch vor allem die Gliederung, denn sie gleicht der der Perikope vom Zöllnergastmahl.

Geschehen (Fall)
Frage
Antworten

Die Art der Antworten unterscheidet sich von der in Mark. 2,13–17 nur insofern, als sie diesmal zunächst eine Gegenfrage enthalten, die auf eine eigenständige Antwort des Lesers zielt.
Auch Matth. 9,14–17; Mark. 2,18–22 und Luk. 5,33–39 lassen sich so gliedern, wenn auch die Situation bei Markus nur angedeutet, bei Matthäus und Lukas in die Frage mit hineingenommen ist. Deutlich wird: Es geht um einen konkreten *Fall*, der eine *Frage* auslöst; *Antwort* (wieder einschließlich Gegenfrage) wird gegeben. Mit den Antworten aber enden alle Texte, sie schließen sie ab.

Zusammenfassend können wir sagen:

Die Evangelien überliefern eine Reihe von in sich abgeschlossenen Texten, die nach dem Schema geformt sind:
Geschehen
Frage
Antwort.

2.3. Begründung für die Form des Textes

Wenn erkannt ist, daß die Evangelien unter anderen Texte enthalten, die nach obigem Schema geformt sind, taucht die Frage auf, was zu dieser Ausformung geführt haben mag.
Vorangestellt sei jedoch die andere: Warum hat man überhaupt in den Gemeinden von Jesus erzählt und Worte von ihm weitergegeben?
Die Überlieferungen, die wir besitzen, sind *nach Ostern* in den Gemeinden gestaltet und weitergegeben worden. Die Gemeinden waren doch wohl nicht an Jesus als einer Person der Vergangenheit interessiert! Für sie war er doch – nach Ostern – lebendig und gegenwärtig!
Es lag ihnen auch nichts daran, Vergangenes für spätere Geschlechter aufzuschreiben: Vielfältig begegnet uns im Neuen Testament die Hoffnung auf die baldige Wiederkunft des Herrn Jesus Christus.
Bleibt nur ein Drittes: Sie versuchten, ihre Gegenwart von Jesus, den sie als den Christus bekannten, bestimmt sein zu lassen. Aus diesem Grunde fragten sie zurück nach dem, was er getan und gelehrt hatte!
Das Wort „Gegenwart" umfaßt allerdings viel!
Da gab es Verkündigung, Auseinandersetzung, Lehre. Und wir wissen es: Die Verkündigung spricht eine andere Sprache als die Auseinandersetzung, wiederum eine andere die Lehre. Versuchen wir darum, der Sprache nachzugehen, um zu erfahren, in welchem Lebenszusammenhang der Gemeinden unser Text gebildet sein mag.

Noch einmal sei die Eigenart der oben genannten Texte erwähnt: Eine Situation wird gezeichnet, eine Frage gestellt, Antwort gegeben. Wenn auch eine konkrete Situation – direkt oder indirekt – nie fehlt, muß doch gesehen werden, daß die Fragen sehr allgemein gehalten sind. So heißt es z. B. Mark. 2,24: „Was tun deine Jünger am Sabbat, was nicht recht ist?" Das Ährenausraufen wird nicht ausdrücklich genannt. Oder Mark. 2,16: „Mit Zöllnern und Sündern ißt er?" Auch das ist doch eine sehr allgemeine Frage, die sich kaum nur auf ein einmaliges Geschehen bezieht. Das heißt aber, daß sehr grundsätzlich nach menschlichem Verhalten gefragt wird. Warum aber?
Wagen wir die These: In den Gemeinden sind die grundsätzlichen Fragen akut. *Ihre* Fragen kehren in den Texten wieder.
Diese These läßt sich erhärten, wenn wir Mark. 2,13–17 mit Gal. 2,11–13 vergleichen. Dort heißt es:

„Als dann Petrus nach Antiochien kam, trat ich (Paulus) ihm offen entgegen, weil er im Unrecht war. Anfangs hatte er zusammen mit nichtjüdischen Brüdern an den gemeinsamen Mahlzeiten teilgenommen. Als dann aber die Leute aus dem Kreis um Jakobus kamen, sonderte er sich ab und wollte aus Furcht vor ihnen nicht mehr mit den Nichtjuden zusammen essen. Auch die anderen Juden blieben gegen ihre Überzeugung von den gemeinsamen Mahlzeiten fern, so daß sogar Barnabas angesteckt wurde und genauso wie sie seine Überzeugung leugnete" (Übersetzung „Die Gute Nachricht").

Der Text macht deutlich: In den ersten Gemeinden herrscht keine Übereinstimmung darüber, ob man mit Nichtjuden – in diesem Falle mit Heidenchristen – essen darf oder nicht. Die Frage der Mahlgemeinschaft ist also nicht völlig geklärt! Die Frage von Mark. 2,16 ist in den Gemeinden akut!
Paulus antwortet in Gal. 2,16 mit einem Hinweis auf die Person Jesu Christi:
„Aber wir wissen, daß niemand dadurch Gottes Anerkennung findet, daß er tut, was das Gesetz vorschreibt. Vor Gott kann nur bestehen, wer auf Jesus Christus vertraut."
Der bei Markus überlieferte Text weist zurück auf das Tun und Lehren Jesu von Nazareth, um so eine Antwort zu geben. Dabei benutzt er eine Form, die schon im Judentum in der theologischen Auseinandersetzung zu Hause ist. Sie zeigt die Gliederung:

Geschehen
Frage
Antwort

Man nennt diese Form *Das Streitgespräch.* Es will in der theologischen Auseinandersetzung zum Nachdenken bringen, helfen, weiterführen. Darum sagt man: Der *Sitz im Leben* der Streitgespräche ist die theologische Auseinandersetzung in der nachösterlichen Gemeinde.

So dürfte deutlich sein:

Die Wahl der Form der Streitgespräche hat ihren Grund in der um Antwort ringenden Gemeinde. Sie versucht, ihre Fragen von Jesus her zu beantworten, denn sie bekennt Ihn als ihren gegenwärtigen und lebendigen Herrn!

3. ERSTE FOLGERUNGEN ZUM VERSTEHEN DES TEXTES

Durch den Vergleich mit den Paralleltexten bei Matthäus und Lukas wurde deutlich, daß es sich beim „Zöllnergastmahl" nicht um Augenzeugenberichte der Evangelisten handeln kann. Diese haben vielmehr gemeinsame Überlieferung verarbeitet. Sie sahen den überkommenen Text nicht als unveränderbar an, sondern haben ihn je auf ihre Weise eingeleitet, erweitert, interpretiert. Es ging ihnen also nicht darum, einen einmaligen Geschehensablauf historisch getreu wiederzugeben. Die *Bedeutung dessen,* was sie erzählten, lag ihnen am Herzen.
Der Vergleich des Textes mit anderen hat dieses unterstrichen: Bewußte Formung liegt vor. Der Text ist von einer sehr allgemein gehaltenen Frage her gestaltet worden. Daß in der Antwort erzählender Stil begegnet, dürfte zu denken geben: Der Hörer wird in ein Geschehen mit hineingenommen. Eine einzelne dogmatische Formel genügt offensichtlich nicht, um Antwort zu geben.
Da es sich nicht um einen Bericht, sondern um Antwort handelt, darf das Geschehen nicht

psychologisiert werden. Die Kenntnis von der Art des Textes verwehrt es uns, Fragen folgender Art zu stellen: Was dachte Levi, als er am Zoll saß? Welche Gedanken bewogen ihn, Jesus nachzufolgen? Hat Jesus vielleicht gesehen, daß Levi gar nicht so schlecht – daß er im Grunde genommen unglücklich war? Daß ihn nach Rettung verlangte? Was haben wohl die Jünger gedacht, als Jesus ausgerechnet einen Zöllner in seine Nachfolge rief? Waren die Pharisäer neidisch?
Die beiden ersten Arbeitsgänge leiten uns vielmehr an, einer anderen Fragestellung zu folgen:

> Wenn wir der Absicht des Textes gerecht werden wollen, müssen wir versuchen, die Gedanken dessen nachzuzeichnen, der den Text aufgeschrieben hat, nicht aber die der darin vorkommenden Personen.

4. DER HISTORISCHE HINTERGRUND DER ÜBERLIEFERUNG

Um die *Gedanken des Erzählers* nachvollziehen zu können, müssen noch einige Einzelheiten geklärt werden.
Sehen wir uns Mark. 2,13–17 noch einmal an: Von Jesus ist die Rede, von seiner Mahlgemeinschaft mit einer bestimmten Berufsgruppe, den Zöllnern. Eine andere Gruppe von Menschen, die Schriftgelehrten der Pharisäer, nehmen Anstoß daran. Jesus antwortet ihnen. Jesus wird also in ganz bestimmten Beziehungen zu Personengruppen seiner Umwelt gesehen. Wenn man *das Gesagte* verstehen will, muß man wissen, welche Bedeutung den genannten Personengruppen damals zukam. Die ersten Leser der Evangelien wußten das. Wir wissen es nicht. Wenn wir nun unüberlegt unsere Vorstellungen von den Pharisäern, den Zöllnern und der Bedeutung der Mahlgemeinschaft in den Text eintragen, kann sich seine Aussage gegenüber der ursprünglich gemeinten unversehens verschieben. Darum müssen wir nach dem historischen Hintergrund des Textes fragen. Das heißt nicht: nach den historischen Einzelheiten eines einmaligen Geschehens! Vielmehr nach dem historischen Hintergrund, auf dem der Text gesehen werden muß!

> Die Texte reden von bestimmten Gestalten und Situationen; um die Fragen, die sie aufnehmen, und die Antworten, die sie geben, verstehen zu können, müssen wir ihren historischen Hintergrund kennen.

4.1. Die Pharisäer

In den weltanschaulichen und religiösen Auseinandersetzungen der letzten zwei Jahrhunderte vor Christus hatten sich fromme Juden zu einer Gemeinschaft zusammengeschlossen. Man gab ihnen den Namen „Pharisäer".[3] Sie genossen bald im Volk großes Ansehen. Man hörte auf sie, denn man merkte, daß sie den Glauben Israels ernst nahmen. Um der Zukunft des Gottesvolkes willen bemühten sie sich, den Willen Gottes in ihrer Gegenwart anzunehmen und zu tun. Sie galten als die Frommen ihrer Zeit.
In den Evangelien treten sie als die Gesprächspartner Jesu auf. Da sie die engagierten Gläubigen und Theologen der Jesuszeit waren, mußten sie auch Jesus befragen, denn sie

konnten an keiner religiösen Gestalt oder Bewegung in ihrem Volk achtlos vorübergehen.

Das galt auch im Blick auf die jungen christlichen Gemeinden. Wir wissen, daß Paulus Pharisäer war, „im Gesetz unsträflich", und als solcher ein Verfolger der Gemeinde (Phil. 3,5 f.). Er war kein Einzelfall. Die führenden Theologen des Judentums waren Pharisäer, was nach der Zerstörung des Tempels (70 n. Chr.) besonders deutlich heraustrat. Darum mußten sie sich mit den Christen auseinandersetzen, zumal diese zunächst noch weiterhin in den jüdischen Gemeinden lebten und sich selber als die rechten Vertreter des jüdischen Glaubens verstanden. Von ihrer ganzen Theologie her konnten die Pharisäer die Christen nur ablehnen, verfolgen, oder sie mußten, wie Paulus, selber Christen werden.

Die Pharisäer sahen ihre wesentliche Aufgabe darin, das Erbe der Väter – die Schriften – zu erhalten und weiterzugeben. Darum bemühten sie sich sie für ihre Gegenwart zu übersetzen und verbindlich zu machen. Deutlich wird das an ihrem Gesetzesverständnis: Es gab in den Überlieferungen des Gottesvolkes – wir nennen sie das Alte Testament – viele Gebote und Bestimmungen, die einer Zeit angehörten, in der ganz andere Verhältnisse geherrscht hatten. Denken wir nur an die Nomadenzeit! Die Gebote dieser Zeit waren doch praktisch für die Zeit des Neuen Testamentes bedeutungslos! Die Pharisäer versuchten aber, sie neu zu interpretieren und zu aktualisieren. Andererseits gab es aber auch in ihrer Gegenwart Situationen, die in den Schriften keine Parallelen hatten. Für sie gab es darum noch keine praktikablen Gebote. So wurden auf diese Situationen hin alte Bestimmungen ausgelegt. Diese Übersetzungsarbeit wurde von den *Schriftgelehrten* der pharisäischen Gruppe geleistet. Das Ergebnis wurde von der Gemeinschaft mit großem Ernst praktiziert.

Dieser Ernst wurde gespeist von einer intensiven Zukunftshoffnung: Sie warteten auf das Kommen des Messias. Sie erwarteten, daß er den *Gerechten* – denen, die sich mühten, mit Ernst Juden zu sein – ein barmherziger Retter, den *Sündern* hingegen – die den Glauben der Väter verleugneten – ein gerechter und vernichtender Richter sein werde.

Eine Stelle aus einem pharisäischen Psalm sei angeführt; sie zeigt die Erwartungen, die man an den König der Zukunft stellte:

> „Weise und gerecht treibe er die Sünder weg vom Erbe,
> zerschlage des Sünders Übermut wie Töpfergefäße.
> Mit eisernem Stabe zerschmettere er all ihr Wesen,
> vernichte die gottlosen Heiden mit dem Wort seines Mundes.
> Dann wird er ein heiliges Volk zusammenbringen, das er mit Gerechtigkeit regiert;
> und er wird richten die Stämme des vom Herrn, seinem Gott geheiligten Volkes.
> Er läßt nicht zu, daß ferner Unrecht in ihrer Mitte weile,
> und niemand darf bei ihnen wohnen, der um Böses weiß."

(Psalmen Salomos 17,23 ff.)[4]

Wenn nun im Bibeltext von Pharisäern die Rede ist, dürfen wir nicht das vielfach verbreitete Zerrbild einsetzen! Es geht um eine sehr ernst zu nehmende Gruppe, und wir können uns wohl fragen, ob sie uns wirklich so fernsteht.

4.2. Zöllner und Sünder

Die Zöllner gehörten den Berufsgruppen an, die den Sündern, deren Vernichtung man erwartete, gleichgestellt wurden. Einmal, weil sie für die Römer, die Heiden, arbeiteten.

Das machte sie unrein. Aber mehr noch: Damit stellten sie sich gegen das Gottesvolk, auf die Seite der sie unterdrückenden Heiden! Sie waren Mitarbeiter – Kollaborateure – der heidnischen Besatzungsmacht, und wir dürfen annehmen, daß sie auch zu Spitzeldiensten gegen das eigene Volk herangezogen wurden.[5]
Zum anderen wog ihre moralische Fragwürdigkeit besonders schwer. Der römische Staat verpachtete die Zölle an meistbietende Privatleute. Diese stellten auf gleiche Art Oberzöllner ein, diese wiederum einfache Zöllner. Das Prinzip: Die Pachtsumme mußte erbracht werden. Was darüber hinaus eingenommen wurde, war der Lohn. Oft mußten schon zur Erlangung der Pachtsumme fragwürdige Methoden angewendet werden; wievielmehr zum Einbringen des Verdienstes! So konnte nur der in dieses Geschäft einsteigen, der bereit war, Mittel des Betrugs und der Ausbeutung anzuwenden. Und das an den eigenen Landsleuten, ja an den Glaubensbrüdern! Nach allgemeinem Verständnis des Judentums hatten sich die, die sich darauf einließen, selber aus der Gemeinschaft des Gottesvolkes ausgeschlossen. Sie galten als „Gangster von Format".[6] Ein frommer Jude, zumal einer, der der pharisäischen Bewegung nahestand oder ihr angehörte, mußte sich von ihnen fernhalten, um nicht selber unrein, um dem Bekenntnis nicht untreu zu werden.
Mit dem Begriff „Zöllner" sind also nicht solche Menschen umschrieben, auf die wir mit mitleidigem Lächeln herabzusehen gewohnt sind: Sie können nun mal nicht anders. Es werden vielmehr solche genannt, denen es wirtschaftlich gut geht, weil sie ohne Rücksicht auf die Existenz anderer jede politische oder wirtschaftliche Gelegenheit nutzen, um zu Geld zu kommen. Man wirft ihnen mit Recht Verrat am eigenen Volk vor, leben sie doch auf Kosten ihrer Landsleute.

4.3. Die Mahlgemeinschaft

Zur Charakterisierung des Mahlverständnisses im Judentum sei ein Wort von Rabbi Simeon zitiert[7]: „Drei, die an einem Tisch gegessen und nicht darüber Worte der Torah (der göttlichen Weisung) gesprochen haben, sind, als hätten sie Totenopfer (Götzenopfer) gegessen ... Aber drei, die an einem Tisch gegessen und darüber Worte der Torah gesprochen haben, sind, als hätten sie von dem Tisch Gottes – gesegnet sei Er – gegessen; denn es ist gesagt: Dies ist der Tisch, der vor Gott steht" (Hes. 41,22). Dieses Zitat macht deutlich, daß jedes Mahl, ob so oder so gehalten, kultisch verstanden wurde. Im Mahl hatte man Gemeinschaft entweder mit Götzen oder mit Gott (vgl. 1. Kor. 10,20 f.). Von daher ist verständlich, daß man nicht bereit war, mit „Zöllnern und Sündern" zu essen. Sie waren unrein und zogen hinein in die Unreinheit.
Daß Jesus mit Zöllnern Mahlgemeinschaft gehalten hat, darf als historisch gesichert gelten. Das macht neben der relativ häufigen Bezeugung ein Wort einsichtig, das als ein abfälliges der Gegner zitiert wird: „Ein Fresser und Säufer, der Zöllner und Sünder Geselle" (Matth. 11,19).
Die Wirkung, die das Verhalten Jesu auf die Frommen gehabt hat, ist verständlich: Da tritt einer im Namen des Gottes Israels auf. Er sagt die Nähe der Gottesherrschaft an. Aber statt die Gerechten um sich zu sammeln oder sich ihnen zuzugesellen – gerade angesichts der Nähe der Gottesherrschaft –, feiert er mit Unreinen und Ausbeutern das Mahl. Die Frage nach diesem seinem Tun mußte aufbrechen, und sie ist aufgebrochen.
In der nachösterlichen Gemeinde begegnet sie in anderer Gestalt wieder. In Gal. 2 geht es um die Frage nach der Mahlgemeinschaft zwischen Judenchristen und Heidenchristen. Die Judenchristen gelten auf Grund der Beschneidung, der Einhaltung der Speisegebote

und anderes mehr als „rein“ im kultischen Sinne. Dürfen sie Mahlgemeinschaft halten – Gemeinschaft vor Gott – mit solchen, die diese Vorleistung nicht erfüllen?
Die Frage von Mark. 2,15 dürfte einen noch weiteren Horizont aufzeigen, wenn dort verallgemeinernd von „Sündern“ die Rede ist. Kann eine christliche Gemeinde, die etwas auf sich hält, „Sünder“ aufnehmen, den Zöllnern vergleichbar? Muß sie nicht darauf achten, eine Gemeinschaft von Treuen oder Guten, oder wie immer man es nennen will, darzustellen?
Wie lautet die Antwort? Der Text will sie geben.

5. DER TEXT ALS ANTWORT

13 Und *er* ging wieder an den See hinaus,
    und alles Volk kam zu ihm,
  und *er* lehrte sie.
14 Und vorübergehend sah *er*
    Levi, den Sohn des Alphäus, an der Zollstätte sitzen,
  und *er* sagt zu ihm: Folge mir nach!
    Da stand er auf und folgte ihm nach.
15 Und es geschieht, daß *er* zu Tische sitzt in seinem Hause,
    und viele Zöllner und Sünder saßen mit Jesus und seinen Jüngern zu Tische;
    denn es waren viele, und sie folgten ihm nach.
16   Und als die Schriftgelehrten der Pharisäer sahen,
      daß er mit Zöllnern und Sündern aß,
      sagten sie zu seinen Jüngern:
      Mit Zöllnern und Sündern ißt er?
17a Da *Jesus* das hört, sagt *er* zu ihnen:
  Nicht die Starken bedürfen des Arztes, sondern die Kranken.
17b *Ich* bin nicht gekommen, Gerechte zu rufen, sondern Sünder.

Wenn die einzelnen Textzeilen unterschiedlich eingerückt sind, so mit dem Ziel, die Personen oder Personengruppen voneinander abzusetzen: Jesus, das Volk bzw. die Zöllner, die Pharisäer. So fällt gleich ins Auge, von wem zuerst und in erster Linie erzählt wird.
In diesem von einer Frage her gestalteten Text ist die Situationsangabe nach vorne hin erweitert worden: Vor die Szene von Jesu Mahlgemeinschaft, die recht eigentlich die Frage auslöst, tritt die von der Berufung des Levi. Doch auch mit dieser beginnt der Text nicht; Markus hat noch eine vom Lehren Jesu am See davorgestellt (vgl. 1.5.1.). Wenn man nun versucht, Tatsachen nachzuzeichnen, kommt man sehr schnell zu der Erkenntnis, daß diese einzelnen Szenen oder Verse recht zusammenhanglos nebeneinanderstehen – es sei denn, man phantasiert so allerlei dazwischen, was eben nicht dasteht. Wenn man hingegen die Gliederung des Textes beachtet, erkennt man eine sehr bewußte Formung. Der Text ist um die Frage herum gestaltet. Versuchen wir, ihn von der Frage her zu verstehen.

Vers 13
Die kleine erste Szene ist voller Bewegung. Das machen die Tätigkeitsworte deutlich: Jesus *geht hinaus*, viel Volk *kommt* zu ihm. Der Höhepunkt ist erreicht, wenn es heißt:

„Und er lehrte sie." Sie, die, da er hinausging, zu ihm kamen. Aber warum wird das hier von Markus erzählt? Hat das etwas mit der Frage zu tun? Sehen wir weiter.

Vers 14
Die zweite Szene beginnt wieder mit einer Bewegung Jesu: „Und *vorübergehend sah* er." Von der anderen Seite kommt ihm aber nichts entgegen. Levi, der Zöllner, der Sohn des Alphäus, *sitzt* am Zoll! Er gibt sich seinem Beruf hin, dem Beruf des Betrügers. Keine Bewegung führt von ihm zu Jesus. Aber Jesus sieht ihn, Jesus redet zu ihm, Jesus gibt ihm den Befehl: „Folge mir nach." Jesus durchbricht die Starrheit, die den Zöllner umgibt. „Da stand er auf und folgte ihm nach."
Es wird nichts gesagt über seelische Vorgänge, die Levi bewegen, Jesus nachzufolgen. Es heißt nicht, daß Levi – der Ausgestoßene durch eigene Verschuldung – einfach durch die Tatsache, daß ein jüdischer Rabbi ihn ruft, ihn nicht verachtet, überwältigt sei. Es wird kurz, fast sachlich erzählt: *Jesus* geht vorüber, *Jesus* sieht, *Jesus* ruft – daraufhin folgt der andere ihm nach.

Vers 13 und Vers 14
Sehen wir uns Vers 14 auf dem Hintergrund von Vers 13 an: Dort handelte es sich um zwei aufeinander zugehende Bewegungen: Jesus geht hinaus – viel Volk kommt zu ihm, hier aber um eine mitreißende Aktion. Die Handlung geht einzig von Jesus aus. Er holt den anderen in seine Bewegung hinein.
Wird im Gegenüber dieser beiden Szenen nicht schon eine erste Antwort auf die Frage der Gemeinde gegeben? Jesus ißt mit den Zöllnern und Sündern – ja! Obwohl sie nicht zu denen gehören, die zu ihm kommen, um ihn zu hören. Aber er ist zu ihnen gegangen. Er ist den Sündern gegenüber aktiv geworden. Die Verse veranschaulichen Vers 17b: Er hat sie gerufen! Darum gehören sie zu ihm!

Vers 15
Es könnte so aussehen, als sei in der dritten Szene die Bewegung zur Ruhe gekommen. Zweimal ist vom Sitzen die Rede. Aber beachten wir den Eingang: „Und es *geschieht*!" Ein *Geschehen* wird angesagt, das „Zu-Tische-Sitzen", das der Mahlgemeinschaft. Umständlich wird erzählt. Was in zwei Sätzen gesagt wird, hätte man in einem einfacher ausdrücken können (vgl. Matth.). Aber wir dürfen denen, die hier formulieren, nicht einfach sprachliche Unfähigkeit zuschieben. Es ist zu erkennen, daß auf diese umständliche Weise die Mittelpunktstellung Jesu viel stärker herausgehoben wird: Zunächst wird gesagt, daß *Er* zu Tische sitzt in *seinem* Hause. Dann erst, daß viele Zöllner und Sünder *mit Ihm* zu Tische sitzen. Wenn ergänzend hinzugefügt wird „und mit seinen Jüngern", könnte die Frage an die Jünger in Vers 16 vorbereitet sein. Es könnte aber auch die Gemeinde in das Blickfeld rücken: Mit Jesus und seinen Jüngern – seiner Gemeinde – sitzen viele Zöllner und Sünder zu Tische. Leute, die starke moralische und religiöse Mängel aufweisen. Doch es wird von ihnen noch mehr gesagt: „Denn es waren viele, und sie folgten ihm nach."
Mitunter wird die Meinung vertreten, daß von der Nachfolge der vielen die Rede sei, damit es nicht so aussähe, als müsse unbedingt eine so konkrete Berufung vorangehen, wie sie Levi erlebte: Es gibt andere, die auf eine andere Weise in die Nachfolge hineingekommen sind. Näher liegt jedoch, daß der vorangestellte Vers 14 die Art der Nachfolge in Vers 15 charakterisieren will: Es sind die, die Jesus nachfolgen, weil er sie mitgenommen hat. Die Schar von Zöllnern und Sündern hebt sich also von anderen ähnlichen Gruppen dadurch ab, daß Jesus sie gerufen hat und sie ihm nachfolgen, daß sie mit ihm und

seinen Jüngern zu Tische sitzen, durch ihn der Gemeinschaft im Angesicht Gottes teilhaftig sind.

Vers 16
Was aber sehen – dem Text nach – die Schriftgelehrten unter den Pharisäern? Sie, die sich dafür verantwortlich fühlen, daß Gottes Weisungen eingehalten werden? Natürlich das, was zu sehen ist, das gemeinsame Mahl. Doch ist wieder auf die Formulierungen zu achten:

> Da sie sahen,
> > daß *Er* mit den Zöllnern und Sündern aß
>
> und:
> > Mit Zöllnern und Sündern ißt *Er*?

Gesehen wird Jesus, gefragt wird nach Jesus, warum *Er* mit den Zöllnern und Sündern ißt – nicht umgekehrt. Denn hätte nicht auch die andere Frage naheliegen können: „Wie kommen die Zöllner und Sünder dazu, mit Jesus zu essen?" Man fragt nach ihm, von ihm hätte man anderes erwartet. In den Augen der Frommen disqualifiziert er sich durch die, mit denen er Gemeinschaft hält.

Vers 17a
Dem Text nach gibt Jesus selbst Antwort.
Das Bild, das begegnet, war auch bei griechischen Wanderphilosophen beliebt. „So sagte einer von ihnen, als man ihm den Verkehr mit dem niedrigen Volk vorwarf: Auch die Ärzte lehren gewöhnlich nicht bei den Gesunden, sondern dort, wo die Kranken sind."[8]
Die Ähnlichkeit ist erstaunlich groß. Man muß fragen, ob Jesus dieses Wort gekannt und benutzt oder ob die Gemeinde es ihm in den Mund gelegt hat.
Da es sich um ein Sprichwort aus dem griechischen Sprachraum handelt, ist letzteres fast anzunehmen. Allerdings kann auch nicht ausgeschlossen werden, daß es vom palästinensischen Judentum aufgenommen und gebraucht wurde, war doch der Kulturaustausch nicht unbedeutend.
Im Verständnis des Textes kommen wir weiter, wenn wir fragen, welche Bedeutung der Satz – ob von Jesus benutzt oder nicht – im vorliegenden Zusammenhang hat. Er wird auf Jesus bezogen. Seine Gemeinschaft mit „Zöllnern und Sündern" wird als Heilung interpretiert (vgl. Mark. 2,1–12)!
Dem Text nach sehen die Frommen also – obwohl sie sehen – falsch. Sie meinen, daß sich Jesus durch seine Freunde verunreinigt. Sie erkennen nicht, daß Jesus die anderen durch seine Gemeinschaft heilt, rettet.
Übertragen wir das, da es sich um eine Frage der Gemeinde handelt, auf diese: Die Frommen fürchten, sich durch die Gemeinschaft mit Heiden oder anderen fragwürdigen Elementen zu verunreinigen. Der Text ruft sie auf zu erkennen, daß dieses nicht gelten kann, da in der Gemeinschaft mit Jesus Christus Heilung geschieht!

Vers 17b
Bei der zweiten Antwort könnten wir es mit einem Bekenntnissatz der ersten Gemeinden zu tun haben. Vergleichen wir Lukas 19,10: „Des Menschen Sohn ist gekommen, zu suchen und selig zu machen, was verloren ist." Dieser Satz steht am Schluß der Geschichte vom Zöllner Zachäus. In ähnlichem Zusammenhang wird also eine ganz ähnliche Aussage gemacht. Allerdings nicht in der ersten, sondern in der dritten Person. Das legt Bekenntnisformulierung nahe. Da zur Zeit des Neuen Testaments jede Bekenntnisaus-

sage als in der Gegenwart des lebendigen Herrn entstanden aufgefaßt wurde, konnte man sie in der Überlieferung Jesus in den Mund legen.
Aber das Wort Mark. 2,17b ist auch als Wort Jesu denkbar. Gerade weil es den jüdischen Vorstellungen nicht entspricht. Wenn Jesu diesen Satz den Pharisäern gesagt hat, muß das in ihren Ohren folgendermaßen geklungen haben: Ich bin nicht der Messias, den ihr erwartet, der die Gerechten ruft und die Sünder vernichtet! Denn ich bin nicht gekommen, Gerechte zu rufen, sondern Sünder!
Wie gesagt: Es kann gut sein, daß der historische Jesus diesen Satz zu den Pharisäern gesagt hat, sich damit von ihren Messiaserwartungen absetzend. Es kann aber auch sein, daß die Gemeinde diesen Satz im Wissen um Jesu Tun und Lehren, im Wissen um seine Sendung für die Gottlosen, bekannt hat. Im vorliegenden Zusammenhang begründet er die Mahlgemeinschaft Jesu – der Gemeinde – mit den „Zöllnern und Sündern". Es entspricht der Sendung Jesu, des Christus, daß er die Sünder ruft. Der Rückbezug auf Vers 13 und 14 muß gesehen werden: Er ruft sie heraus aus ihren Bindungen, nimmt sie mit auf seinen Weg.
Beide Worte – Vers 17a und 17b – begegnen im Text als Antwort an die, die sich ihren Glauben etwas kosten lassen, die Gott ganz ernst nehmen. Sie müssen sich sagen lassen, daß es die Kranken sind, die Heilung nötig haben, und daß Christus gekommen ist, Sünder zu rufen; daß Gesunde ihn nicht brauchen, daß er die Gerechten nicht ruft. Werden sie damit nicht vor die Frage gestellt: Wer seid ihr? Kranke oder Gesunde? Gerechte oder Sünder? Wen erwartet ihr? Einen, der eure kleinen Unvollkommenheiten beseitigt und euch in seine Gemeinschaft aufnimmt, oder den, dem es um Heilung, um Neuwerdung der ganzen Welt geht?

6. DAS ZIEL DES TEXTES

Die Exegese hat gezeigt: Es geht dem Evangelisten weder um Levi noch um die Pharisäer; wenn das so wäre, könnten wir uns vom Text distanzieren, ihn als vergangen der Vergangenheit überlassen. Es geht vielmehr um den Sinn des Erzählten für die Gemeinde, für die Leser.
Wenn man nun versuchen will, diesen Sinn in einem *Zielgedanken* (Skopus) zusammenzufassen, kommt man sehr schnell in Schwierigkeiten. Wohl steht *eine Frage* in der Mitte, aber die *Antwort ist mehrschichtig.*
Das wird schon daran deutlich, daß beispielhaft mehrere Gruppen begegnen: Da sind die, die Jesus entgegengehen, um ihn zu hören; die anderen, die aus religiösen und moralischen Gründen abseits stehen. Die Gerechten sind da, die Frommen, die alles dransetzen, um bereit zu sein für ein gnädiges Handeln Gottes und seines Messias.
Und da ist Jesus.
Die einen lehrt er.
Die anderen ruft er heraus aus ihren Bindungen.
Die dritten fragen nach seinem Tun; indem er von seiner Sendung spricht, fragt er indirekt zurück, wer sie sind, wer die anderen, und was sie von ihm erwarten.
Und alle stehen in Beziehung zueinander, und diese Beziehungen wollen sich im Verlauf des Hörens wandeln.
„Christus inmitten seiner Gemeinde", so könnte man den Abschnitt überschreiben; „Die Gemeinde in der Gegenwart des Christus", so ergänzen. „Das Zöllnergastmahl" – so wird

der Text kurz genannt, und wenn man die tiefere Bedeutung dieses Titels versteht, kann man ihn beibehalten.
Und wenn man nach dem Christus inmitten seiner Gemeinde fragt, dann ist das immer die alte Frage: „Ißt euer Meister mit Zöllnern und Sündern?" Gehören wirklich die zu ihm, die dort doch eigentlich nicht hingehören?
Der Text nimmt antwortend hinein in ein Geschehen voll innerer Spannung. Er weist dem Leser in diesem Geschehen den Platz an, der ihm gerade gilt. Er stellt ihn hinein in das Spannungsfeld, das Gemeinde Jesu Christi heißt.
Der Ort des Lesers wird nicht immer der gleiche bleiben, da letzterer sich ändert. Sosehr wir uns aber ändern, sosehr wird der Text seine Spannung nicht verlieren, denn er erzählt immer unsere Geschichte in der Gemeinde des Christus. Und er will uns immer wieder durch diese unsere Geschichte verwandeln. Darum müssen wir ihn immer neu befragen nach *seinem Ziel mit uns*.
Damit aber ein Text mit uns zu seinem Ziel kommen kann, sollten wir eingeweiht sein in die grundsätzlichen Fragen der Überlieferung, etwas wissen von seiner Form und dem historischen Hintergrund, in der Lage sein, der inneren Bewegung einer Sprachform nachzugehen: Exegese treiben. Sonst besteht die Gefahr, daß wir meinen, der Text gäbe nur ferne Kunde weiter oder er enthalte eine Antwort, die gerade uns nicht trifft. Es könnte geschehen, daß wir uns in keiner der genannten Personengruppen wiederfinden oder doch in der falschen, weil wir sie letztlich nicht erkannt haben. Dann aber wäre der Text mit uns nicht zu seinem Ziel gekommen, sondern zu irgendeinem anderen.

7. ÜBERSICHT ÜBER DIE EXEGETISCHEN ERKENNTNISSE

Beobachtungen und Informationen	Folgerungen
Die drei ersten Evangelisten erzählen von gleichen Begebenheiten im Leben Jesu. In den Texten fällt auf: gemeinsamer Aufbau, gemeinsamer Wortschatz.	Eine gemeinsame Überlieferung muß zugrunde liegen.
Es begegnen Unterschiede, die typische Merkmale des jeweiligen Evangelisten tragen.	Die Evangelisten haben an den Überlieferungen bewußt gearbeitet.
Inhaltlich unterschiedliche Evangelientexte zeigen eine einheitliche Gliederung.	Die Evangelisten überliefern Texte, die nach ganz festem Schema geformt sind.
In der Mitte der sogenannten „Streitgespräche" stehen grundsätzliche Fragen, die in den ersten Gemeinden akut waren.	Der „Sitz im Leben" der Streitgespräche

In den Texten begegnen Erinnerungen an geschichtliche Gruppierungen der Zeit des Neuen Testaments.

Der Evangelist will nicht ein einmaliges Geschehen historisch getreu weitergeben; die Bedeutung dessen, was er erzählt, liegt ihm am Herzen.

sind die theologischen Auseinandersetzungen in der Gemeinde.

Um zu hören, was der Leser damals verstand, müssen wir den historischen Hintergrund der Texte kennen.

Wenn wir der Absicht der Texte gerecht werden wollen, müssen wir versuchen, die Gedanken dessen nachzuzeichnen, der den Text aufgeschrieben hat, nicht aber der darin vorkommenden Personen.

II. Eine Heilungsgeschichte

Markus 1,29–31
Überlegungen zu Einzeltext und Textzusammenhang

VORBEMERKUNG

Bei den exegetischen Überlegungen zum „Zöllnergastmahl“ wurde deutlich, daß die Texte der Evangelien bewußt geformt sind; daß die Formen auf einen bestimmten „Sitz im Leben“ hinweisen, auf Verkündigung, Lehre, Auseinandersetzung. Vom „historischen Hintergrund“ war die Rede, und daß man ihn kennen müsse, um die Aussage zu verstehen; es hieß, daß dem Evangelisten die Bedeutung dessen, was er erzählt, am Herzen läge.
Kann das auch für die Geschichte von der Heilung der Schwiegermutter des Petrus gelten? Kann man hier wirklich von der Bedeutung des Erzählten reden? Wird nicht vielmehr ziemlich simpel konstatiert, wann und wo und wie Jesus eine bestimmte Frau geheilt hat?

1. ZUR FORM DES TEXTES

Kommen wir auf die Form zurück: Ist sie wirklich nur von dem Ereignis geprägt? Erzählt man bei uns von einer unerhofft schnellen Heilung so knapp?
Wenn wir uns in den Evangelien nach ähnlichen Formen umsehen, können Markus 7,31 bis 37 und 8,22–26 zum Vergleich herangezogen werden. Die folgende Nebeneinanderstellung will das verdeutlichen.

	Mark. 1,29–31	Mark. 7,31–37	Mark. 8,22–26
Nr. 1	(29) Und sie gingen alsbald aus der Synagoge in das Haus des Simon und Andreas mit Jakobus und Johannes.	(31) Und da er wieder fortging aus der Gegend von Tyrus, kam er durch Sidon an das Galiläische Meer, mitten in das Gebiet der Zehn Städte.	(22) Und sie kamen nach Bethsaida.
Nr. 2	(30) Und die Schwiegermutter Simons lag und hatte das Fieber;	(32) Und sie brachten zu ihm einen, der war taub und stumm,	Und sie brachten zu ihm einen Blinden
Nr. 3	und alsbald sagten sie ihm von ihr.	und sie baten ihn, daß er die Hand auf ihn legte.	und baten ihn, daß er ihn anrührte.

Nr. 4	(31) Und er trat zu ihr und faßte sie bei der Hand und richtete sie auf;	(33) Und er nahm ihn von dem Volk besonders und legte ihm die Finger in die Ohren und berührte mit Speichel seine Zunge (34) und sah auf gen Himmel, seufzte und sprach zu ihm: Hephata! das ist: Tu dich auf!	(23) Und er nahm den Blinden bei der Hand und führte ihn hinaus vor das Dorf und tat Speichel auf seine Augen und legte seine Hände auf ihn und fragte ihn: Siehest du etwas? (24) Und er sah auf und sprach: Ich sehe die Menschen umhergehen, als sähe ich Bäume. (25) Danach legte er abermals die Hände auf seine Augen.
Nr. 5	und das Fieber verließ sie,	(35) Und alsbald taten sich seine Ohren auf, und das Band seiner Zunge löste sich	Da sah er deutlich und ward wieder zurechtgebracht
Nr. 6	und sie diente ihnen.	und redete recht.	und konnte alles scharf sehen.
Nr. 7		(36) Und er gebot ihnen, sie sollten's niemand sagen. Je mehr er es aber verbot, um so mehr breiteten sie es aus.	(26) Und er schickte ihn heim und sprach: Gehe nicht hinein in das Dorf.
Nr. 8		(37) Und sie wunderten sich über die Maßen und sprachen: Die Tauben macht er hören und die Sprachlosen reden.	

Alle drei Heilungsgeschichten beginnen mit einer Ortsbestimmung (Nr. 1). Dabei handelt es sich nicht um den Ort des Kranken, sondern um den des Wundertäters: Es wird gesagt, wo er herkommt und (oder) wo er hingeht.
Erst in Nr. 2 wird der Kranke genannt, sein Gebrechen bezeichnet.
In Nr. 3 wird indirekt oder direkt eine Bitte an Jesus herangetragen;
Nr. 4 beschreibt in unterschiedlicher Breite den Vorgang der Heilung; immer ist von Berührung die Rede.
Nr. 5 konstatiert das Ergebnis;
Nr. 6 bringt die Bestätigung der Heilung: Die Verbform, die jedesmal im griechischen Text steht, meint eine anhaltende Handlung, etwa in dem Sinne: Von da an diente sie ihnen, redete er recht, konnte er alles scharf sehen.

In Mark. 7,29–31 und 8,22–26 schließen noch ein bzw. zwei Punkte an:
In Nr. 7 begegnen Weisungen Jesu, die sich auf die vorangegangene Heilung beziehen;
Nr. 8 ist auch nicht „einmalig": Ein Blick auf Mark. 2,12; 4,41; 5,42 und Luk. 7,16 zeigt, daß nicht nur in Mark. 7,31–37 am Schluß einer Wundergeschichte davon die Rede ist, daß die „Zuschauer" im „Chor" den Täter preisen. Man spricht vom „Chorschluß"

der Wundererzählung. Es handelt sich also auch in Nr. 8 um ein Stilelement der Überlieferung.
Das Ergebnis dieser Untersuchung sei zusammengefaßt:

> In Markus 1,29–31 liegt ein Text vor, der im Aufbau anderen Heilungsgeschichten gleicht, wenn auch diese mitunter einen breiteren Abschluß haben.
> Das heißt aber: Auch von Krankenheilungen wird nach geprägter Form erzählt.

Was aber ist das Besondere dieser Form?
Zunächst kann gesagt werden, daß die Person des Kranken zurücktritt: Ein Blinder, ein Taubstummer werden genannt; am meisten erfahren wir von der Frau, sie ist die Schwiegermutter des Simon. Aber auch das ist wenig genug!
Der Kranke tritt so sehr zurück, daß er nicht selbst als Bittender begegnet: Man bittet für sie, sagt ihm von ihr. Die seelische Grundeinstellung des Kranken zu seiner Krankheit und zum Heilenden wird nicht genannt, geschweige denn beschrieben! Wie anders klingen die Erzählungen, die man heute in den Wartezimmern der Ärzte hören kann!
In der Mitte der Texte steht in jedem Fall das wunderbare und erfolgreiche Tun Jesu. Auf dieses zielen die ersten Aussagen hin: Er kommt, man bittet ihn, sein Tun wird beschrieben. Die anschließenden Sätze zeitigen das Ergebnis seines Tuns; unter Umständen besingt ein „Chorschluß" abschließend die Tat. Von Jesus wird so erzählt, daß der Kranke bzw. der Geheilte in der Rolle des Statisten verschwindet.
Warum aber hat man von den Heilungen so erzählt, daß Jesu Tun den Text beherrscht, aber der, auf den sich das Wunder richtet, so ganz an die Seite gedrängt ist?
Diese Frage führt uns zu der nach dem „Sitz im Leben" der Textform (vgl. „Zöllnergastmahl" 2.3.). Wir erinnern uns: Die Gemeinden haben die Überlieferungen *nach Ostern* gestaltet. Wenn sie nun so *ausschließlich* von Jesus reden, bezeugen sie Jesus, ihren lebendigen und gegenwärtigen Herrn, als Heilenden. Der „Sitz im Leben" ist darum das Zeugnis, die Bezeugung der nachösterlichen Gemeinde: Diese Erzählungen wollen Christuspredigt sein!

> In der Mitte der Form der Heilungsgeschichten steht Jesus und sein wunderbares Tun:
> Er wird als der Heilende bezeugt.
> Der „Sitz im Leben" dieses Textes ist die Christuspredigt.

Doch haben wir mit dieser Fragestellung schon viel gewonnen? Können wir Jesus noch als Arzt propagieren? Gehen wir nicht lieber zum Mediziner?
Um zu verstehen, wie man damals diese Predigt hörte, müssen wir wissen, wie man zur Zeit des Neuen Testaments Wunder verstand.

2. WUNDERVERSTÄNDINIS ZUR ZEIT DES NEUEN TESTAMENTS

2.1. Von den Historikern wird heute kam noch ernsthaft bestritten, daß Jesus geheilt hat. Die vielen Krankenheilungen, die man von ihm erzählt, müssen in seinem Leben einen

Anhalt gehabt haben, ohne daß man allerdings sagen kann, daß wir es in den Texten im einzelnen mit historischen Überlieferungen zu tun haben. Das verwehrt schon die Beobachtung zur Form: Sie können nicht als Referat verstanden werden. Das schließt jedoch nicht aus, daß gerade unser Text auf eine historische Erinnerung zurückgehen könnte: Die Schwiegermutter des Petrus wird geheilt. Dieser könnte davon berichtet haben.

2.2. Allerdings kann dieses nicht gesagt werden, ohne daß beachtet wird, daß man das Wunder in alter Zeit nicht als Durchbrechung der Naturgesetze versteht. Naturgesetze kennt man nicht. Man sieht die Welt in allen ihren Vorgängen durchwaltet vom Tun der Gottheit, der Götter oder der Dämonen. Sie können auch ungewöhnlich handeln – im Wunder. Das Wunder ist das Nichtalltägliche, das Un-gewöhnliche, aber nicht das Unmögliche. Man rechnet mit ihm. Jedoch mißt man ihm unterschiedliche Bedeutung bei.
Auch müssen wir uns klarmachen, was es bedeutet, daß man noch nicht über die ärztlichen Mittel der Neuzeit verfügt: Krankheit wird immer als Existenzbedrohung erfahren, nicht nur im sogenannten „Ernstfall". Man ist ihr völlig ausgeliefert. Heilung ist nie selbstverständlich und wird darum schnell als Wunder angenommen!
Rettung aus bedrohter Existenz dürfte es zu allen Zeiten gegeben haben und geben, wenn die Not auch unterschiedlich erfahren wird.

2.3. Im Judentum zur Zeit des Neuen Testaments weiß man von großen Rabbinern zu erzählen, die mit Wunderheilungen ihre Lehren bekräftigen. Doch steht man dem Wunder kritisch gegenüber: Man ist der Meinung, daß auch Dämonen das vermögen! Das Wunder gewinnt erst positive Bedeutung, wenn sich die geäußerte Lehrmeinung durch Schriftexegese ausweisen kann. Das Wunder bleibt dem überlieferten Wort, dem Gesetz und den Propheten, untergeordnet. Dieses Verständnis hat den Text Markus 3,1–6 geprägt:
„Und er ging abermals in eine Synagoge. Und es war da ein Mensch, der hatte eine verdorrte Hand. Und sie lauerten darauf, ob er am Sabbat ihn heilen würde, auf daß sie eine Sache wider ihn hätten. Und er sprach zu dem Menschen mit der verdorrten Hand: Tritt hervor! Und er sprach zu ihnen: Soll man am Sabbat Gutes tun oder Böses, Leben erhalten oder töten? Sie aber schwiegen stille. Und er sah sie umher an mit Zorn und ward betrübt über ihr verstocktes Herz und sprach zu dem Menschen: Strecke deine Hand aus! Und er streckte sie aus, und seine Hand ward gesund. Und die Pharisäer gingen hinaus und hielten alsbald einen Rat mit des Herodes Leuten über ihn, wie sie ihn umbrächten."
Man lehnt Jesus ab, ja verfolgt ihn, obwohl – ja, gerade weil er wunderbar heilt! Man ist der Meinung, daß das Gesetz, das nach damaligem Verständnis jegliche Arbeit am Sabbat verbot, gegen ihn steht. Darum kann seine Heilung nicht überzeugen. Darum kann nicht angenommen werden, daß er wahrhaft aus Existenznot herausführt – denn steht er nicht gegen Gott?

2.4. Anders versteht man Wunder im Hellenismus, im Bereich der griechisch-orientalisch denkenden Welt. Dort werden sie eindeutig positiv gewertet. Man meint, daß im Wundertäter ein heilender Gott gegenwärtig ist. Diese Vorstellung wird in Apg. 14,8 ff. deutlich:
„Und es war ein Mann zu Lystra, der hatte schwache Füße und konnte nur sitzen; er war lahm von Mutterleibe und hatte noch nie gehen können. Der hörte Paulus reden. Und als dieser ihn ansah und merkte, daß er glaubte, ihm könne geholfen werden, sprach er mit lauter Stimme: Stelle dich aufrecht auf deine Füße! Und er sprang auf und wandelte. Da

aber das Volk sah, was Paulus getan hatte, erhoben sie ihre Stimme und sprachen auf lykaonisch: Die Götter sind den Menschen gleich geworden und zu uns herniedergestiegen, und nannten Barnabas Jupiter und Paulus Merkurius, weil er das Wort führte. Und der Priester Jupiters aus dem Tempel vor der Stadt brachte Ochsen und Kränze vor das Tor und wollte opfern samt dem Volk."
Der Text sagt doch, daß Paulus und Barnabas als Götter verehrt werden, weil sie einen Menschen geheilt haben!
Neben dieser Vorstellung begegnet die andere, ihr verwandte, daß im Heilenden der „göttliche Mensch", von den Göttern mit wunderbaren Kräften betraut, am Werke sei.
Die Texte, die im Hellenismus von so verstandenen wunderbaren Heilungen erzählen, sind ähnlich aufgebaut wie die des Markus, die oben zitiert sind. Sie wollen verkündigen, daß im Wundertäter der „göttliche Mensch", ja Gott selber „erscheint", „epiphan" wird. Darum spricht man von „Erscheinungsgeschichten", von „Epiphaniegeschichten".

2.5. In 1. Kor. 12 rechnet Paulus selbstverständlich damit, daß Gemeindeglieder die besondere Gabe der Heilung haben. Daneben werden andere Gaben genannt, unter anderen Lehre, Weissagung, Zungenreden. Dem Textzusammenhang ist zu entnehmen, daß diese Gaben in Korinth in unterschiedlichem Ansehen standen, es herrschte Rivalität. Der „religiöse Mensch" wollte sich darstellen. Hierzu nimmt der Apostel Stellung. Er wertet die Heilungen nicht ab, sagt aber, daß alle Gaben von Gott sind und der Gemeinde, nicht dem Ansehen des einzelnen, dienen wollen.

2.6. Wenn wir nun nach der Bedeutung der kleinen und unscheinbaren Perikope von der Heilung der Schwiegermutter des Simon fragen, müssen wir uns klar sein, daß das Heilungswunder als solches in das Weltbild derer, die es erzählt bekommen, hineinpaßt. Es macht ihnen keine Mühe, zu denken, daß Jesus – wie auch andere – geheilt hat und daß auch in ihrer Mitte Heilungen geschehen. Zweifler brauchen nicht überzeugt zu werden, daß dergleichen möglich ist!
Es bleibt allerdings zu fragen, welche Bedeutung der Evangelist dem Wunder beimißt, wie er es interpretiert.

Zur Zeit des Neuen Testaments rechnet man mit Wundern, mißt ihnen aber unterschiedliche Bedeutung bei.
Es ist zu fragen, wie der Evangelist das Wunder verstanden wissen will.

3. ZUR AUSLEGUNG DES TEXTES

3.1. Der Einzeltext Mark. 1,29–31

Zum Verständnis des Textes müssen wir das in Abschnitt 2 und Abschnitt 1 Gesagte aufnehmen:
3.1.1. Das *Wunderverständnis* des Hellenismus wird sichtbar: Das Wunder wird eindeutig positiv verstanden; auch die Form weist darauf hin (2.4.). Das heißt aber, daß die Betonung des Textes nicht darauf liegt, daß Jesus erstaunlicherweise heilen kann – das wird auch von anderen erzählt. Vielmehr geht es darum, daß in *Ihm* Gott oder der von

Gott bevollmächtigte „göttliche Mensch" gegenwärtig ist. Indem der Text von einer Heilung erzählt, will er also sagen, *wer Jesus ist*! Das wird griechisch sprechenden und denkenden Menschen in einer Sprachform gepredigt, die sie verstehen können.[9]

3.1.2. Der *„Sitz im Leben"* des Textes ist die Christuspredigt (s. 1.). Da es um *Christus*predigt geht, können wir noch genauer formulieren: Nach Ostern wird *Christus*, der lebendig-gegenwärtige Herr, verkündet als der, in dem Gott gegenwärtig ist, der aus Existenznot rettet.
Wenn wir nun aber bedenken, daß weitere, sehr ähnlich geformte Texte (s. 1.) bei Markus begegnen, muß gefragt werden: Wollen sie alle dieses eine sagen? Oder tragen die Texte noch eine besondere Botschaft in sich? Schauen wir uns Mark. 1,29–31 näher an!
Gegenüber der erkannten Stilform zeigt der Text in Nr. 1 eine Eigenart: Es ist nun doch nicht nur von Jesus die Rede! *Sie* gehen aus der Synagoge; *sie* kommen in das Haus. Scheinbar stilistisch ungeschickt – so möchte man sagen – werden die vier Jünger namentlich genannt. In der Bestätigung der Heilung (Nr. 6) heißt es „sie diente *ihnen*". Sicher, in der Mitte der Erzählung geht es um das Tun Jesu: *Er* heilt! Aber wird nicht gewissermaßen ergänzt, daß Jesus inmitten seiner Jünger als der Heilende da ist? Oder besser: *Christus* wird gepredigt als der, der *inmitten seiner Gemeinde* aus Existenzbedrohung befreit!

3.2. Der Textzusammenhang

Aus Gottesdienst und Christenlehre kennen wir die Perikopen der Evangelien als Einzeltexte. Das liegt nicht zuletzt daran, daß sie gut allein stehen können: Sie sind in sich abgeschlossen. Das wiederum weist darauf hin, daß sie ursprünglich – ehe sie in einem Evangelium zusammengestellt wurden – als Einzeltexte überliefert wurden. Im Evangelium sind sie jedoch anderen zugeordnet. Fragen wir einmal, ob der Zusammenhang, in dem der Text steht, das gewonnene Verständnis unterstreicht oder verneint.

Im weitesten Sinne reicht der Textzusammenhang vom Thema Mark. 1,1 bis zum Schluß 16,8.[10] Er steht also in einem Zusammenhang, der auf Karfreitag und Ostern zuführt. Innerhalb des Gesamtplanes dieser sich fortbewegenden Erzählung muß der Text gehört werden. Suchen wir innerhalb des großen Rahmens zunächst einen kleinen Erzählabschnitt. Wie wählen wir aus?

Zu Beginn des Auftretens Jesu heißt es in Mark. 1,14, daß Jesus nach *Galiläa* kommt und *predigt.*
In 1,39 wird dieses Thema – einen Text abschließend – wiederholt und in gewissem Sinne ergänzt, wenn gesagt wird, daß er in *ganz Galiläa* umhergeht und *predigt.* Dieses Wiederaufgreifen eines Themas am Schluß einer anderen Perikope legt nahe, daß die so gerahmten Texte zusammengehören sollen, daß wir es mit einem Unterabschnitt des Evangeliums zu tun haben. Versuchen wir darum, diesem Zusammenhang nachzugehen.
In 1,15 wird die Predigt Jesu in einem kurzen Satz zusammengefaßt und allem, was sonst noch von ihm erzählt wird, vorangestellt:

> „Die Zeit ist erfüllt, und das Reich Gottes ist herbeigekommen.
> Tut Buße und glaubt an das Evangelium."

Nach Markus verkündigt Jesus die erfüllte Zeit, das Kommen des Gottesreiches, der

Herrschaft Gottes. Er bezeugt dieses als Evangelium, als Heilsbotschaft. Die Menschen werden aufgefordert, sich der Heilsbotschaft von der Herrschaft Gottes zuzukehren – das will das Wort „Buße" sagen.

Im Anschluß an diesen programmatischen Einleitungssatz bringt Markus sofort die Überlieferungen von den Berufungen der ersten Jünger: Jesus ruft Menschen aus ihrem Alltag heraus und nimmt sie mit hinein in die erfüllte Zeit, die Zeit der Herrschaft Gottes. Das Menschenfischerwort (1,17) zeigt, daß er mit diesen Jüngern etwas vorhat – sie sollen in der Gottesherrschaft einen Auftrag übernehmen. Will Jesus nicht ohne sie, seine Jünger, seine Beauftragten, sein?

In Vers 21 heißt es dann, daß *sie*, also Jesus und die Jünger, nach Kapernaum gehen!

Es spricht viel dafür, daß der Einzeltext, der dem Abschnitt 21–28 zugrunde gelegen hat, einmal mit Vers 21b begonnen hat: „Und alsbald am Sabbat ging *er* hinein in die Synagoge." Denn nur von Jesus und *seiner* Predigt ist anschließend die Rede. Markus aber läßt die Jünger dabeisein, denn wie in Vers 21a „Und *sie* gingen hinein nach Kapernaum" begegnet in Vers 29a der Plural „Und *sie* gingen fort aus der Synagoge". Die Lehre Jesu in Vollmacht geschieht – wie die Heilung – inmitten der Jünger. Das könnte dafür sprechen, daß es in den Versen 29–31 darum geht zu verkündigen, daß Jesus inmitten seiner Jünger – *Christus inmitten seiner Gemeinde* – heilt.

Auch in den nächsten Abschnitten spielen die Jünger eine Rolle. Zunächst folgt ein sogenannter „Sammelbericht": Wieder steht der Plural: *Sie* bringen am Abend viele Kranke zu ihm, *er* heilt sie alle. Dann schließt ein Text an, der formal schwer zu bestimmen ist. Es wird gesagt, daß Jesus allein fortgeht, um zu beten. Wird sein Gehorsam zum Vater dargestellt (vgl. 14,32–42)? Der Fortgang der Erzählung weist darauf hin, daß es vorrangig um die Jünger geht: *Sie* sehen sich gezwungen, Jesus nachzugehen; *sie* sagen: „Jedermann sucht dich." Da müssen *sie* sich – und mit ihnen die Gemeinde – sagen lassen, daß sie ihn falsch verstehen: „Laßt *uns* in andere Städte gehen, daß *ich* daselbst predige, denn dazu bin *ich* gekommen." Die Ansage der Gottesherrschaft als Heilsbotschaft auch außerhalb derer, die zu ihm kommen, um geheilt zu werden, ist seine Aufgabe. Die Botschaft, die Dämonen zum Weichen bringt, die Menschen frei macht von tödlicher Bedrohung, will weitergetragen werden. Es geht um *ganz Galiläa.*

Hat das etwas zu tun mit dem *Gesamtzusammenhang*, der auf Karfreitag und Ostern zuführt?

Nach Karfreitag und Ostern wird der lebendige Christus verkündigt, indem in besonderer Weise von Jesus von Nazareth erzählt wird: Inmitten seiner Jünger heilt *Er*, befreit *Er* aus Existenzbedrohung: In *Ihm* ist Gott gegenwärtig. Aber er zieht sich nicht in seine Gemeinde zurück, um dort sein Heilswerk unangefochten zu tun. Er stellt sich der Welt. *Ihr* gilt die Heilsbotschaft vom Herrsein Gottes. So sehr – und das wird im Fortgang der Erzählungen deutlich –, daß er für diesen Anspruch in den Tod gegangen ist. Und es ist bezeichnend für das Markusevangelium, daß das unwidersprochene Bekenntnis zu Jesus als dem „Sohn Gottes" erst und nur unter dem Kreuz laut wird (15,39)! Gerade sein *Sterben* also macht ihn als „Gottessohn" offenbar!

Daß diese *Christologie* etwas zu tun hat mit den Jüngern – mit der Gemeinde –, wird im Evangelium vielerorts deutlich. Die Aufforderung „Laßt *uns* in andere Städte gehen" nimmt die Jünger mit; das Wort, das Markus in 8,34 überliefert, „Wer mir will nachfolgen, der verleugne sich selbst und nehme sein Kreuz auf sich und folge mir nach", spricht es offen aus.

Der, der aus Existenznot befreit (1,29–31), führt in Gefahr hinein (1,33 ff. und 8,34)! Liegt hier nicht ein Widerspruch vor? Doch wir dürfen nicht vergessen, daß *nach Ostern* erzählt wird: Nachdem die Jünger erfahren haben, daß der Gekreuzigte lebt. Von dieser Erfahrung her können und müssen sie bekennen, daß Christus Macht hat, Rettung und Heil zu schenken, auch dann, wenn Nachfolge in den Tod hineinführt.

4. DAS WUNDERVERSTÄNDNIS DES MARKUS

Einerseits teilt Markus das Wunderverständnis des Hellenismus: Die Form der Heilungsgeschichte macht deutlich, daß es um die *Verherrlichung des Wundertäters* geht. *Er* ist der Retter, in *Ihm* begegnet Gott oder der „göttliche Mensch".

Andererseits zeigt aber genaues Hinsehen, daß der Ort der Rettung an Bedeutung gewonnen hat: *Seine* Rettung wird inmitten der Gemeinde erfahren. Von vergangenem Geschehen ist also die Rede, um zu bezeugen, daß der *lebendige Christus in seiner Gemeinde* am Werke ist.
Die Beachtung des Zusammenhanges ergab, daß das hellenistische Wunderverständnis noch eine ganz *entscheidende Abwandlung* erfahren hat: Rettung aus Existenzbedrohung ist nicht identisch mit der Herauslösung aus den Unbilden des Lebens, denn Rettung bringt der, der sich für die Botschaft vom Herrsein Gottes eingesetzt hat bis hin zum Tod. Sie wird erfahren in der Gemeinde des Christus, die gerufen ist, mit ihm zu gehen, im Wissen darum, daß Karfreitag und Ostern, Ostern und Karfreitag zusammengehören.

5. ÜBERSICHT ÜBER DIE EXEGETISCHEN ERKENNTNISSE

Beobachtungen und Informationen	Folgerungen
In Mark. 1,29–31 liegt ein Text vor, der im Aufbau anderen Heilungsgeschichten gleicht, wenn auch diese mitunter einen breiteren Abschluß haben.	Auch von Krankenheilungen wird nach geprägter Form erzählt.
In der Mitte der Heilungsgeschichte steht Jesu wunderbares Tun: Er wird als der Heilende bezeugt.	Der „Sitz im Leben" der so aufgebauten Heilungsgeschichten ist die Christuspredigt.
Zur Zeit des Neuen Testaments rechnet man mit Wundern, mißt ihnen aber unterschiedliche Bedeutung bei.	Es ist zu fragen, wie der Evangelist das Wunder verstanden wissen will.

Der Markustext zeigt stilistische Eigenheiten, die auf die besondere Aussage des einen Textes hinweisen.

Die besondere Aussage eines Markustextes kann durch die Beachtung stilistischer Eigenarten erkannt werden.

Der Zusammenhang, in dem der ursprünglich selbständige Text bei Markus steht, unterstreicht die besondere Aussage.

Es muß gefragt werden, in welchem näheren oder weiteren Zusammenhang eine Perikope bei Markus steht.

III. Noch zweimal die gleiche Heilungsgeschichte

Matthäus 8,14–15; Lukas 4,38–39
Die Bedeutung des Synoptischen Vergleichs für das Verstehen der Texte

VORBEMERKUNG

In den ersten drei Evangelien finden sich viele parallele Überlieferungen, die sich nebeneinanderstellen lassen. Darum wird von einer „gemeinsamen Schau“ der Evangelien – griechisch „Synopse“ – gesprochen und ist ihnen der Name „Synoptiker“ zugelegt worden. Der Vergleich gemeinsamer Texte wird „Synoptischer Vergleich“ genannt. Als Arbeitsmaterial dient gerne eine „Synopse“, d. h. ein Buch, in dem die drei Evangelien nebeneinander gedruckt vorliegen.
Ein „Synoptischer Vergleich“ wurde schon beim „Zöllnergastmahl“ erhoben. Er kann aber noch mehr sagen, als dort herausgearbeitet wurde. Es kann nämlich gefragt werden, ob Gemeinsamkeiten zwischen nur zwei Evangelien auftauchen, von denen das dritte abweicht. Daraus können Schlüsse gezogen werden über das Verhältnis der drei Evangelien zueinander. Hieraus wiederum lassen sich Folgerungen für die Exegese ziehen. Dieser Beitrag will versuchen, das deutlich zu machen.

1. DER SYNOPTISCHE VERGLEICH

	Matth. 8, 14–15	Mark. 1, 29–31	Luk. 4, 38–39
Nr. 1a		(29) Und sie gingen alsbald aus der Synagoge	(38) Und er machte sich auf aus der Synagoge
b	(14) Und Jesus kam in das Haus des Petrus	in das Haus des Simon und Andreas mit Jakobus und Johannes.	und kam in das Haus des Simon.
Nr. 2	und sah, daß dessen Schwiegermutter lag und hatte das Fieber.	(30) Und die Schwiegermutter Simons lag und hatte das Fieber;	Und die Schwiegermutter Simons lag in hohem Fieber,
Nr. 3		und alsbald sagten sie ihm von ihr.	und sie baten ihn für sie.
Nr. 4	(15) Da berührte er ihre Hand,	(31) Und er trat zu ihr und faßte sie bei der Hand und richtete sie auf,	(39) Und er stellte sich an das Kopfende und bedrohte das Fieber,
Nr. 5	und das Fieber verließ sie,	und das Fieber verließ sie,	und es verließ sie,
Nr. 6	und sie richtete sich auf		und alsbald stand sie auf
	und diente ihm.	und sie diente ihnen.	und diente ihnen.

1.1. Der Aufbau

Alle drei Texte zeigen im wesentlichen den Aufbau einer Wundergeschichte (vgl. S. 29):

- Nr. 1b Jesus kommt
- Nr. 2 Die Kranke und ihre Krankheit werden genannt.
- Nr. 4 Jesus greift ein
- Nr. 5 Die Heilung erfolgt
- Nr. 6 Die Heilung wird bestätigt

Markus und Lukas bringen über die Gemeinsamkeit mit Matthäus hinaus noch die Notiz, woher Jesus kommt (Nr. 1a); beide haben die direkte bzw. indirekte Bitte, die auch andernorts zur Form der Heilungsgeschichte gehört (Nr. 3), bei Matthäus aber fehlt. Das heißt: In den Einzelheiten des Aufbaus zeigen Markus und Lukas untereinander größere Gemeinsamkeit als mit Matthäus.

1.2. Der Wortschatz

Die Unterstreichungen bedeuten:

a) ______ Es begegnen Worte und Redewendungen, die allen drei Texten gemein sind,
b) — — — daneben solche, die nur Markus und Lukas,
c) .... andere, die nur Markus und Matthäus haben.
d) Über a) hinaus gibt es keine Wortgleichheiten zwischen Matthäus und Lukas, so entfällt eine derartige Markierung.

Die erste Wortgleichheit begegnet in Nr. 1a: Bei Markus und Lukas heißt es „aus der Synagoge". Das kann bei Matthäus nicht stehen, da er diesen ersten Satz gar nicht bringt! Darum wird diese Wortgleichheit bei den Überlegungen zum „Wortschatz" nicht gewertet: Nr. 1a wird nur beim „Aufbau" berücksichtigt.
Wichtiger ist, daß bei *Markus und Lukas* der aramäische Eigenname des Jüngers „Simon" steht, Matthäus hingegen die griechische Form des Beinamens „Petrus" bringt. In Nr. 6 haben beide den Plural „ihnen", Matthäus den Singular „ihm". *Zwei* gewichtige Wortparallelen sind also über Matthäus hinaus zu verzeichnen.

Matthäus und Markus beschreiben die Krankheit und den Eintritt der Heilung mit den gleichen Redewendungen (Nr. 2 und 5); auch finden sich in Nr. 4 und Nr. 6 bei Matthäus und in Nr. 4 bei Markus gleiche Worte: Von der „Hand" ist die Rede, das Verb „aufrichten" kommt vor, wenn auch in unterschiedlicher Form. Matthäus und Markus haben also über Lukas hinaus *vier* Parallelen im Wortschatz bzw. sogar in ganzen Redewendungen. Wenn man bedenkt, daß Matthäus und Lukas über Markus hinaus keine Wortparallelen oder Besonderheiten im Aufbau aufweisen, kann man sagen:

> In Einzelheiten des Aufbaus stehen sich Markus und Lukas näher; nach Anzahl der Wortparallelen im Haupttext haben Markus und Matthäus mehr miteinander gemeinsam als mit Lukas.

Das gibt dem Markus eine Mittelstellung, die man folgendermaßen skizzieren kann:

Matthäus = Markus = Lukas
________ Markus = Lukas
Matthäus = Markus ________

Hier zeigt sich, was auch sonst gilt:

> Matthäus und Lukas zeigen zu Markus eine engere Verwandtschaft als untereinander.

(Dieses kann man z. B. auch am Zöllnergastmahl nachprüfen!)

1.3. Der Textzusammenhang

Beachten wir einmal den Zusammenhang, in dem die Perikope bei dem jeweiligen Evangelisten steht. Von der soeben erkannten Mittelstellung des Markus soll ausgegangen und zugleich gefragt werden, ob sie sich durch die Beachtung des Zusammenhanges bestätigen läßt.

Die Verse Markus 1,14–39 bieten sich an:

	Matthäus	Markus	Lukas
I.	4, 12–17	1, 14–15	4, 14–15
II.	4, 18–22	1, 16–20	-----
III.	-----	1, 21–28	4, 31–37
IV.	8, 14–15	1, 29–31	4, 38–39
V.	8, 16–17	1, 32–34	4, 40–41
VI.	-----	1, 35–39	4, 42–44

Ein Rechenexempel kann Hinweise geben: Vier Texte finden sich bei allen, zwei nur bei Markus und Lukas, einer nur bei Matthäus und Markus. Das heißt: Alle angegebenen Markustexte kommen vor bei

Matthäus und Lukas
oder
Matthäus oder Lukas.

Eine Ergänzung:

Mit Ausnahme von
Mark. 4,26–29 (Gleichnis von der selbstwachsenden Saat)
Mark. 7,31–37 (Heilung eines Taubstummen)
Mark. 8,22–26 (Heilung eines Blinden)

gilt das für das ganze Markusevangelium!

Nun zur Reihenfolge:

Die Umrahmungen wollen Gemeinsamkeiten deutlich machen:

Bei allen folgen Nr. IV und Nr. V aufeinander;
bei Matth. und Mark. auch Nr. I und Nr. II.
Mark. und Luk. stellen vor Nr. IV und nach Nr. V gleiche Überlieferungen.
Matth. und Luk. haben über Mark. hinaus keine parallelen Folgen.

Wieder stehen Matthäus und Lukas dem Markus näher als einander!

So kann abschließend festgehalten werden:

Aufbau und Wortschatz, aber auch die Perikopenfolge zeigen, daß Matthäus und Lukas eine größere Nähe zu Markus aufweisen als untereinander.

1.4. Folgerungen aus Aufbau, Wortschatz und Textzusammenhang

Wenn man zu den gemachten Beobachtungen hinzunimmt, daß sich bis auf drei alle Markustexte bei

Matthäus und Lukas
oder
Matthäus oder Lukas

finden, ist die weithin vertretene Annahme, daß Matthäus und Lukas das Markusevangelium als Quelle benutzt haben, berechtigt. Ein Hinweis auf Luk. 1,1–4 mag das Recht der Annahme unterstreichen: Lukas sagt selber, daß ihm schriftliche Überlieferungen vorgelegen haben, er sie benutzt habe.

Man kann annehmen, daß dem Matthäusevangelium und dem Lukasevangelium das Markusevangelium als Quelle vorgelegen hat.

1.5. Folgerungen für die exegetische Arbeit

Wenn wir nun annehmen, daß der Markustext älter ist als der des Matthäus und der des Lukas, ja daß er diesen vorgelegen hat, ergeben sich für die Arbeit an den Texten des Matthäus und des Lukas, die auch Markus hat, folgende Arbeitshilfen:

1. Im Blick auf den **Einzeltext** können wir feststellen, was Matthäus bzw. Lukas gegenüber Markus **geändert** haben. Da es auf die Aussage des Textes ankommt, können aus den Änderungen Rückschlüsse für das Verständnis des betreffenden Textes gezogen werden.
2. Wir können auch die **Veränderungen** im **Textzusammenhang** beobachten, und so die spezielle Aussage des Matthäus oder Lukas erkennen.

Beides soll im Folgenden praktiziert werden.

2. ZUR EXEGESE DES LUKASTEXTES

Auf den ersten Blick sieht es so aus, als halte sich Lukas mehr an die Vorlage des Markus als Matthäus: Die vier bei Markus aufeinanderfolgenden Perikopen stehen auch bei ihm zusammen (s. Tab. zu 1.3. Seite 40). Und doch finden sich beachtenswerte Unterschiede. Beginnen wir mit dem Vergleich der kurzen Perikope.

2.1. Der Einzeltext

In Nr. 1 redet Lukas nur von Jesus. Warum hat er die Jünger gestrichen? Dem Markus lag doch offensichtlich daran, sie zu erwähnen. Will Lukas die hellenistische Form der

Wundererzählung reiner wiederherstellen? Immerhin ist er Grieche – sein glänzendes Griechisch verrät ihn – und schreibt für einen Griechen (Luk. 1,1).
Dafür spräche, daß er in Nr. 4 das Tun Jesu dramatisiert: Im Hellenismus sah man sich von Dämonen umstellt. Jesus bedroht das Fieber wie einen Dämonen. Auch die Umwandlung von Nr. 3 in eine direkte Bitte könnte als stilistische Verbesserung verstanden werden.
Das hieße, daß bei Lukas die Betonung allein darauf liegt, zu verkündigen: *Jesus* ist Herr über die dämonischen Mächte, in *Ihm* ist Gott gegenwärtig.
Fragen wir den Textzusammenhang.

2.2. Der Textzusammenhang

Die Dramatisierung in Nr. 4 hat eine Parallele im Zusammenhang: In Vers 35 heißt es – wie bei Markus –, daß Jesus unsaubere Geister „bedroht"; in Vers 41b bringt Lukas – in Abweichung von Markus – noch einmal dieses Verb. So kann man mit gutem Grund sagen, daß Lukas mit unserem Text und dem nachfolgenden wirklich betont: *Jesus* hat die Vollmacht, die dämonisch-tödlichen Mächte zu bedrohen, von denen man sich im Hellenismus umgeben weiß; sie müssen vor ihm weichen, *Er* ist der Bevollmächtigte Gottes.
Der Tabelle zu 1.3. kann schnell entnommen werden, daß Lukas die Jüngerberufungen nicht parallel zu Markus bietet. Wenn man sie in seinem Evangelium sucht, findet man in 5,1–11 die Erzählung vom Fischzug des Petrus: Eine Berufungserzählung, die ohne Parallele bei Matthäus und Markus ist. Wohlgemerkt erst in Kapitel 5! Das heißt doch, daß nach Lukas die Jünger zur Zeit der Heilung der Schwiegermutter noch gar nicht berufen sind. Sie können also noch gar nicht mit Jesus mitgehen. Lukas muß den Plural in Nr. 1 vom Zusammenhang her streichen! In Nr. 3 und 6 kann er ihn lassen, im Haus des Simon können dieser und andere als anwesend gedacht werden.
Dem entspricht nun, daß bei Lukas in allen vier von Markus zusammenhängend übernommenen Perikopen der bei Markus so auffällige Plural fehlt oder abgeändert ist: In 4,31–37 (Predigt in der Synagoge) ist er gestrichen, in 4,40–44 ist von „allen, die Kranke hatten" oder vom „Volk" die Rede, dieses geht Jesus nach. So heißt es denn auch: „Er sprach aber zu ihnen: *Ich* muß auch anderen Städten das Evangelium predigen."
Was hat es aber nun für eine Bewandtnis damit, daß Lukas den Namen „Simon" übernimmt? Hätte er nicht von „einer Frau" erzählen können, zumal auch sonst in den Heilungsgeschichten kaum Namen begegnen? Bei Markus war klar, daß der Jünger – ja die Jünger – genannt werden, um auszudrücken, daß Jesus inmitten seiner Jünger – seiner Gemeinde – heilt. Aber hier? Von Lukas wird festgehalten: Die Heilung geschieht im Haus des Simon – Simon erlebt sie. Aber er stellt den Text zeitlich vor die Berufungsgeschichte. Vielleicht kann uns diese Aufschluß geben.
In Luk. 5,1–11 wird das um Simon werbende Handeln Jesu erzählt: Jesus sieht zwei Schiffe, tritt aber in das des Simon; ihn bittet er um einen Dienst; ihm gibt er den Befehl. Vornehmlich ihn läßt er das Wunder erleben. Lukas ordnet dieser Erzählung die andere zeitlich vor: Es ist ein langer Weg, der zur Berufung des Simon führt! Auf ihm erfährt Simon, daß der Herr über die Dämonen ihm suchend nachgeht. Diesem Herrn beugt er sich.

Entspricht das dem Ganzen des Lukasevangeliums?

Auch Lukas führt den Leser weiter zu Passion und Ostern. Doch ist zu beachten, daß bei ihm die Osterperikopen einen viel breiteren Raum einnehmen als bei Markus. Neben der

Überlieferung vom leeren Grab, die er von Markus übernommen hat, steht die Emmausgeschichte: Der Auferstandene geht den zweifelnden und verzweifelten Jüngern nach. Auch in den anschließenden Perikopen, die zur Himmelfahrt hinführen, wird Jesus als der die Jünger Suchende, ihnen Helfende gezeichnet. Selbst die Notiz, daß er dem Simon – ausgerechnet ihm! – erschienen ist, kann im Zusammenhang in die gleiche Richtung weisen. Klingen diese Ostertexte nicht schon in dem Erzählzusammenhang Luk. 4/5 an? Der, der Macht hat über die den Menschen in Angst und Schrecken versetzenden Dämonen, geht einem einzelnen Menschen suchend nach, bis er ihn findet und in seinen Dienst nimmt.

Nun ist Simon zur Zeit des Lukas gewiß nicht irgendein Jünger! Er ist bekannt als der erste Leiter der Jerusalemer Gemeinde (vgl. die Apostelgeschichte des Lukas). Auch von seinem Märtyrertod wird man bereits gewußt haben. Von dem hervorragenden Vertreter der Gemeinde wird also erzählt, daß er nicht von sich aus zu Jesus kam. Selbst ihm mußte Jesus nachgehen.

3. DAS WUNDERVERSTÄNDNIS DES LUKASTEXTES

Man kann sagen, daß die hellenistischen Vorstellungen stärker heraustreten als bei Markus: Jesus wird gezeichnet als Herr über die Dämonen, als Gott oder „göttlicher Mensch". Und doch ist das hellenistische Wunderverständnis auch bei Lukas abgewandelt worden, wenn auch anders als bei Markus. Es wird bezeugt, daß dieser Göttliche den Menschen suchend nachgeht.

Wir können das zum besseren Verständnis auch andersherum sagen: Der, der Menschen suchend nachgeht, wird als Wundertäter, als der Bevollmächtigte Gottes gepredigt. Das aber entspricht nicht hellenistischer Volksfrömmigkeit, das ist Christuspredigt!

4. ZUR EXEGESE DES MATTHÄUSTEXTES

4.1. Der Einzeltext

Der Unterschied zu Markus ist schnell zu finden: Bei Matthäus ist in der Perikope *nur* noch von *Jesus und der Frau* die Rede! So sehr, daß auch die indirekte Bitte fortfällt: Jesus sieht die Kranke, Jesus berührt ihre Hand – sie richtet sich auf, sie dient ihm.

In Nr. 4 hat Matthäus den Markustext doch sehr anders abgewandelt als Lukas. Während dieser das Wunder der Heilung dramatisiert, erzählt Matthäus noch zurückhaltender als die Vorlage. Bei Markus hieß es: „Und er trat zu ihr und faßte sie bei der Hand und richtete sie auf ..." Bei Matthäus: „Da berührte er ihre Hand." Mehr nicht. Sie richtet sich dann selber auf, ihm zu dienen.

Bei dem Verb „dienen" (griechisch diakonein) können wir bei Markus und Lukas seiner üblichen Bedeutung gemäß an ein Wiederaufnehmen des Dienstes bei Tische oder anderer häuslicher Dienste denken. Bei Matthäus ist das kaum noch möglich. Soll wirklich gesagt werden, daß sie nur noch für *Jesu* leibliches Wohl sorgt? Ist nicht vielleicht an eine

Diakonie im tieferen Sinne gedacht, im Sinne der Nachfolge? Das läßt fragen, ob sich evtl. Anklänge an die Nachfolgeszenen finden lassen. Ein Vergleich mit Matthäus 9,9 soll das prüfen.

Matth. 9,9	Matth. 8,15–16
Und als Jesus von da weiter*ging*, *sah er* einen Menschen am Zoll sitzen, der hieß Matthäus; und sprach zu ihm: Folge mir nach! *Und er stand auf* und folgte ihm nach.	*Und als Jesus* in das Haus des Petrus *kam*, *sah er*, daß dessen Schwiegermutter lag und hatte das Fieber. Da berührte er ihre Hand, und das Fieber verließ sie. *Und sie stand auf* und diente ihm.

Gleich am Anfang zeigt sich eine erstaunliche Parallele im Satzbau: Begonnen wird mit einer Umstandsbestimmung „als Jesus kam“ bzw. „als Jesus ... weiterging“ (im griechischen Text steht eine Partizipialkonstruktion); der Hauptsatz heißt „sah er“ (so auch in 4,18 und 21). Bei beiden Texten wird anschließend eine Tätigkeit Jesu genannt, die dazu führt, daß der, den Jesus sah, seine „alte Lage“ verläßt und sich Jesus zuwendet. Einmal ist von Nachfolge die Rede, das andere Mal vom Dienen. Der Unterschied dürfte in der speziellen Situation der Frau liegen: In damaliger Zeit kann ihre Nachfolge nicht darin bestehen, daß sie sich – wie die Jünger – dem umherwandernden Jesus anschließt. Doch beschränkt sich auch bei ihr die Zuwendung nicht auf eine innere Einstellung, sondern drückt sich im praktischen Vollzug aus. Dabei werden die Möglichkeiten genannt, die ihr als Frau offenstanden.

Die Heilungsgeschichte ist also zur Nachfolgegeschichte geworden. Damit hat sie aber den Charakter der Christus*predigt* so gut wie verloren: Mit der sich wandelnden Form gewinnt sie lehrhaften Charakter. Die Besonderheit des *Tuns* Jesu tritt in den Vordergrund. Es wird nicht mehr so sehr betont, daß *Er* heilt und also Gott oder „göttlicher Mensch“ ist; vielmehr wird sein Handeln als Ruf in die Nachfolge interpretiert.

Daß Jesus eine Frau heilend in seine Nachfolge holt, ist in damaliger Zeit eine ungeheure Aussage! Das Leben der Frau war ganz auf die eigene Familie beschränkt, darüber hinaus hatte sie keinerlei Bedeutung, ja konnte den religiös Verachteten zugerechnet werden!

Doch fragen wir den Zusammenhang,
- ob er den lehrhaften Charakter des Textes bestätigt,
- ob die Rolle der Frau als religiös Verachtete gemeint ist,
- ob er eine Gleichsetzung von „Dienen“ und „Nachfolgen“ zuläßt.

4.2. Der Textzusammenhang

Von der Predigt der Gottesherrschaft ist bei Matthäus in 4,17 die Rede, und zwar in einem Zusammenhang, der ein eigenes Gepräge trägt: Matthäus deutet die Überlieferung vom Auftreten Jesu in Galiläa (Mark. 1,14) von Jes. 8,31 und 9,1 her als *Zuwendung zu den Heiden*! Die religiös Verachteten werden also schon am Anfang des Auftretens Jesu thematisch hervorgehoben!

Anschließend bringt er – wie Markus – die Jüngerberufungen. Der Ruf in die Nachfolge gehört also auch für ihn sogleich hinzu.

Dann aber geht Matthäus besondere Wege: Nach einem kurzen „Sammelbericht“ (4,23 bis 24) steht in Kap. 5–7 die „Bergpredigt“, die er aus anderer Quelle als der des Markus hat. Doch beschließt er sie mit einem Wort aus Mark. 1,21–28, ohne daß er diesen Text als Ganzes übernimmt:

Mark. 1,22	Matth. 7,28
... denn er lehrte mit Vollmacht und nicht wie die Schriftgelehrten ...	... denn er lehrte mit Vollmacht und nicht wie ihre Schriftgelehrten ...

Diese Parallele läßt den Schluß zu, daß Matthäus anstelle der Kapernaumperikope (s. Tab. zu 1.3. III) eine „Predigt" Jesu bietet: Der programmatische Satz von der Verkündigung der Gottesherrschaft wird ausgeführt. In der Bergpredigt verkündigt Jesus die Lehre der Gottesherrschaft und ruft auf, sie zu tun (7,24).

Zwischen diese – anstelle von Mark. 1,21–28 stehende – Predigt und die Heilung der Schwiegermutter schiebt Matthäus zwei weitere Heilungsgeschichten. In 8,2–4 die Heilung des Aussätzigen, des um seiner Krankheit willen aus dem Gottesvolk „Ausgesetzten"; er gilt als unter dem Fluch Gottes stehend. Und in 8,5–14 die des Knechtes des Hauptmanns, des Heiden, der als solcher keinen Teil am Gottesvolk hat. Im dritten Text folgt nun die Heilung der Frau. Bestätigt nicht der Zusammenhang, daß es darum geht, daß Jesus sich heilend denen zuwendet, die von der Gottesherrschaft ausgeschlossen sind? Heilend nimmt er sie mit hinein. Und die Frau *dient* ihm, dem, der die Lehre der Gottesherrschaft bringt. Dürfte das nicht heißen, daß sie ihm nachfolgt?[11]
Wie bei Markus und Lukas schließt an die Heilung der Frau ein „Sammelbericht" an. Wortgleichheiten mit Markus lassen erkennen, daß dieser als Quelle benutzt wurde. Allerdings fehlt bei Matthäus der Abschnitt, der erzählt, daß Jesus sich den Heilungssuchenden entzieht. Statt dessen begegnet ein Zitat:

> „... auf daß erfüllt würde, was gesagt ist durch den Propheten Jesaja, der da spricht (Jes. 53,4):
> ‚Er hat unsere Schwachheit auf sich genommen, und unsere Krankheit hat er getragen.'"

In Jes. 53 ist vom „Gottesknecht" die Rede. Er wird dort als krank und geschlagen hingestellt. Matthäus aber zeichnet im Zusammenhang Jesus – auf den sich das Zitat beziehen soll – in seiner Vollmacht. Auch in der Perikope von der Heilung der Frau. Darum dürfte es *ihm nicht* darum gehen, Jesus als krank und gebrechlich zu kennzeichnen, zumal ja der Begriff „Gottesknecht" im Zitat nicht erscheint. Genannt wird nur seine *Aufgabe*: Er nimmt den anderen – wie auch immer – Krankheit und Schwachheit ab, trägt sie hinweg. Das tut Jesus – nach Matthäus – in den Heilungen. *Sein Heilen* wird durch das Prophetenwort als barmherziges Handeln *gedeutet*. Das Zitat soll also nicht sagen, wer Jesus ist, sondern was er tut! So bestätigt der Zusammenhang, daß in unserer Heilungsgeschichte für Matthäus das *Tun*, nicht aber das *Sein* Jesu in der Mitte steht. Das spricht dafür, daß man sich in der Gemeinde des Matthäus über die Person Jesu einig ist: Er wird als der Gottessohn, der Christus, bekannt. Gefragt aber wird nach seinem Handeln, damit man das eigene an ihm ausrichten, ihm nachfolgen kann.

In der letzten Perikope des Matthäusevangeliums, dem sogenannten Missionsbefehl, heißt es:

> „... machet zu Jüngern alle Völker ...
> ... und lehret sie halten alles, was ich euch befahl."

Besteht nicht ein innerer Zusammenhang mit der so unscheinbaren Perikope von der Heilung der Schwiegermutter des Petrus? Der Aufbau und der nähere Zusammenhang des Textes zeigen eine lehrende Verkündigung, die Jesu Tun beschreibt. Er nimmt auch die bisher durch Schuld oder Volkszugehörigkeit oder Stand Ausgeschlossenen heilend in die Gottesherrschaft hinein, deren Lehre er in der Bergpredigt „befohlen" hat.

5. DAS WUNDERVERSTÄNDNIS DES MATTHÄUSTEXTES

Der Evangelist hat einen ursprünglich hellenistisch geprägten Text von Markus übernommen, dessen „Sitz im Leben" die Christuspredigt ist. Schon die *formale Umprägung* (Nachfolgeszene) gibt dem Text einen neuen Sinn: Es geht nicht mehr um die Deutung der *Person* Jesu (Gott oder göttlicher Mensch), sondern vielmehr um die Auslegung seines *Tuns*: Er holt heilend in die Nachfolge hinein. So *belehrt* der Text den Hörer, das Handeln Jesu richtig zu verstehen. Das heißt aber, daß der „Sitz im Leben" der Wundertexte bei Matthäus weitgehend aus der Predigt in den Bereich der *verkündigenden Lehre* übergewechselt ist. Demnach wäre jeweils zu prüfen, welche besondere Lehre ein Wundertext des Matthäus vermitteln will.

Die Stellung der drei Heilungstexte zwischen Bergpredigt und Schriftzitat könnte darauf hinweisen, daß Matthäus ein jüdisches Wunderverständnis vertritt (vgl. „Eine Heilungsgeschichte" 2.3.): Wunderbare Heilungen bestätigen die Lehre und damit den Lehrer, jedoch nur dann, wenn Schriftexegese hinzutritt. Dafür spräche, daß die Meinung zu finden ist, Matthäus setze sich mit jüdischer oder doch vom Judentum beeinflußter christlicher Theologie auseinander. Nun ist allerdings zu beachten, daß sich bei ihm das Schriftzitat nicht direkt auf die Lehre, sondern auf die Heilungen bezieht. Das *Tun* Jesu wird als schriftgemäß ausgewiesen. Also doch keine Parallele zum jüdischen Wunderverständnis?

Die Bergpredigt (Matth. 5–7) ruft die Leser zum *Tun* auf. Das macht unter anderem das Schlußgleichnis deutlich: „Wer diese meine Rede hört und tut sie ..." (7,24 ff.). Sie beginnt mit der Seligpreisung: „Selig sind die Armen im Geist, denn das Himmelreich ist ihr" (5,3). Die drei Heilungen in Kap. 8 sprechen von den „Armen im Geist", von einem Aussätzigen, einem Heiden, einer Frau. Ihnen gemein ist, daß man ihnen keinen Teil gibt an den Heilsgaben des Gottesvolkes. Sosehr jede dieser drei Perikopen ihre eigene Aussage hat, wird in allen erzählt, daß Jesus sich gerade diesen Armen im Geist zuwendet, sie annimmt. Er tut, was er sagt! Seine *Lehre* und sein *Tun* bilden also eine *Einheit*. So gesehen bestätigt das *Schriftzitat* mit dem *Tun* Jesu auch seine *Lehre*. Das heißt aber, daß ein abgewandeltes jüdisches Wunderverständnis vorliegt: abgewandelt, weil man weiß und bezeugt, daß Jesu Tun und Lehren eine Einheit sind.

6. ÜBERSICHT ÜBER DIE EXEGETISCHEN ERKENNTNISSE

Beobachtungen und Informationen	Folgerungen
Die Texte des Matthäus- und des Lukasevangeliums zeigen nach Auf-	

bau, Wortschatz und Textzusammenhang eine größere Nähe zu denen des Markus als untereinander. Bis auf drei kommen alle Markustexte bei Matthäus und Lukas oder Matthäus oder Lukas vor.

Es kann angenommen werden, daß Matthäus und Lukas das Markusevangelium als Quelle benutzt haben.

Nach dem Vorhergehenden können wir feststellen, was Matthäus und Lukas am Markustext geändert haben, und auch Veränderungen im Textzusammenhang erkennen.

Durch den synoptischen Vergleich am Einzeltext und am Textzusammenhang läßt sich die besondere Aussage der Paralleltexte bei Matthäus und Lukas erkennen.

IV. Das Wunder am Meer

2. Mose 13,17–14,31

Eine Hinführung zum Verstehen alttestamentlicher Erzähltraditionen

VORBEMERKUNG

Auch in diesem Beitrag geht es darum, daß der Leser in das Verstehen alter Überlieferungen eingeführt werden soll. Darum ist der Weg bis zur Aussage ziemlich weit – ja, er scheint der Seitenzahl nach noch weiter zu sein als bisher. Und doch ist das Ziel die Nähe: Alte, ja uralte Texte wollen uns nahekommen. Oder auch: Wir und unsere Situationen sollen den alten Texten nahegebracht werden, damit wir lernen, uns und unser Leben in ihrem Spiegel zu erkennen und zu deuten.

1. DER TEXT

Was wird erzählt? Wissen wir das, wenn wir den Text ein-, zwei- oder dreimal gelesen haben? Kennen wir eine Erzählung nicht erst dann, wenn wir in der Lage sind, sie nachzuerzählen? Wenn wir das erreichen wollen, müssen wir uns diesen Text schon genauer ansehen. Dazu ist es gut, eine Gliederung zu versuchen und eine genaue Vorstellung von dem Ablauf des Geschehens zu gewinnen.

1.1. Gliederung des Textes

Eine Gliederung des Textes läßt sich gut finden, wenn wir ihn in einzelne Szenen einteilen. In den Versen 13,14–14,4 werden wir in das Lager der Israeliten geführt, in 14,5–9 in das der Ägypter. Ein Gespräch bei den Israeliten angesichts der sie verfolgenden Ägypter schließt an (14,10–18). Diese drei Szenen malen die Voraussetzungen für das Treffen der beiden Heere, von dem in den Versen 14,19–29 zu lesen ist. Vers 30 und 31 bilden den Schluß, das Geschehen wird gedeutet. So ergibt sich folgende Aufstellung:

1.	13,17–14,4	Im Lager der Israeliten – Auszug
2.	14,5–9	Im Lager der Ägypter – Verfolgung
3.	14,10–18	Gespräch bei den Israeliten angesichts der sie verfolgenden Ägypter
4.	14,19–29	Der Kampf
5.	14,30.31	Schlußbemerkung

Die Gliederung weist darauf hin, daß wir es mit einer gut aufgebauten Erzählung zu tun haben: In den Szenen 1 und 2 wird die Lage geschildert und so die Spannung erzeugt; in

der dritten Szene wird die Lage erörtert und damit die Spannung erhöht; die vierte bildet mit der Schilderung des Kampfes den Höhepunkt und bringt zugleich die Lösung. In einer Schlußbemerkung wird die Bedeutung zusammengefaßt.
Eine Erzählung will einen Hörer mit hineinnehmen in das Geschehen, das sie vor seinen Augen abrollen läßt. Darum müssen wir nach dem Gang der Handlung fragen, nach dem Weg, auf den der Hörer mitgenommen werden soll. Analysen der einzelnen Szenen wollen demzufolge den nächsten Arbeitsgang bilden.

Der Text läßt sich in einzelne Szenen gliedern; es begegnen die Momente Spannung, Höhepunkt, Lösung: dem Aufbau nach liegt eine Erzählung vor. Eine Erzählung will einen Hörer mitnehmen.

1.2. Inhaltliche Analyse der einzelnen Szenen

Hier soll zunächst einmal dem Gang der Handlung nachgegangen werden anhand der Frage: Kann sich der Hörer – Leser – wirklich von der Erzählung mitnehmen lassen?

1.2.1. Die erste Szene 13,17 – 14,4

13,17 „Als nun der Pharao das Volk hatte ziehen lassen, führte sie Gott nicht den Weg
durch das Land der Philister, der am nächsten war; denn Gott dachte, es könnte
das Volk gereuen, wenn sie Kampf vor sich sähen, und sie könnten wieder nach
13,18 Ägypten umkehren. Darum ließ er das Volk einen Umweg machen und führte es
durch die Wüste zum Schilfmeer. Und Israel zog wohlgeordnet aus Ägyptenland.
13,19 Und Mose nahm mit sich die Gebeine Josephs; denn dieser hatte den Kindern Is-
rael einen Eid abgenommen und gesprochen: Gott wird sich gewiß euer anneh-
men: dann führt meine Gebeine von hier mit euch fort.
13,20 So zogen sie aus von Sukkoth und lagerten sich in Etham am Rande der Wüste.
13,21 Und der Herr zog vor ihnen her, am Tage in einer Wolkensäule, um sie den rech-
ten Weg zu führen, und bei Nacht in einer Feuersäule, um ihnen zu leuchten, da-
mit sie Tag und Nacht wandern konnten. Niemals wich die Wolkensäule von dem
Volk bei Tag noch die Feuersäule bei Nacht.

14,1 f. Und der Herr redete mit Mose und sprach: „Rede zu den Kindern Israel und
sprich, daß sie umkehren und sich lagern bei Pihachiroth zwischen Migdol und dem
Meer, vor Baal-Zephon; diesem gegenüber sollt ihr euch lagern. Der Pharao aber
14,3 wird sagen von den Kindern Israel: Sie haben sich verirrt im Lande; die Wüste
14,4 hat sie eingeschlossen. Und ich will sein Herz verstocken, daß er ihnen nachjage,
und will meine Herrlichkeit erweisen an dem Pharao und aller seiner Macht, und
die Ägypter sollen innewerden, daß ich der Herr bin. Und sie taten so."

Mit einer Zeit- und Umstandsbestimmung wird der erste Satz eingeleitet: „Als nun der Pharao das Volk hatte ziehen lassen." Das Subjekt des Satzes ist Gott, er führt das Volk; die Marschroute wird genannt und begründet (V. 17b–18a). Auch von dem Volk, das Gott führt, ist die Rede: „Und Israel zog wohlgeordnet aus Ägyptenland."
Der 19. Vers nennt eine Einzelheit, Mose nimmt die Gebeine Josephs mit. Eine Begründung wird gegeben.

Wenn sich der Hörer von der Erzählung hat mitnehmen lassen, so begleitet er das Volk bereits durch die Wüste. Doch bringt Vers 20 eine kleine Stockung: „So zogen sie aus von Sukkoth (in Ägypten) und lagerten in Etham am Rande der Wüste.“ Wird hier zurückgeblendet? Eine Ortsbestimmung nachgeholt? Die Erzählung ist nicht mehr recht flüssig, der Hörer wird unsicher.

Die Verse 21 und 22 sagen etwas über die Art und Weise der göttlichen Führung: Der Herr zieht wegweisend in einer Wolkensäule bzw. Feuersäule voran, nachts leuchtend, damit sie bei Tag und Nacht wandern können.

In 14,1 wird ein Wort des Herrn an Mose eingeleitet, in 2–4 geboten: Mose soll den Kindern Israel eine bestimmte Weisung, ihren Weg und ihren Lagerplatz betreffend, übermitteln. Es heißt, daß sie umkehren sollen. Die Gedanken des Pharao werden genannt; das Ziel des Handelns Gottes an den Ägyptern wird angesagt. Abschließend heißt es, daß Israel den Weisungen des Herrn gehorcht („Und sie taten so“).

Wenn man 13,21 f. bedenkt, muß auffallen, daß die Verse 14,1–4 nicht so recht dazu passen wollen: Der Herr gibt durch Mose Weisung, daß das Volk umkehren und wo es sich lagern soll. Warum? Gott selber führt doch das Volk in einer Wolken- bzw. Feuersäule, damit es Tag und Nacht – also ohne große Lagerung und ohne umzukehren – wandern kann!

1.2.2. Die zweite Szene 14,5–9

14,5 „Als es dem König von Ägypten angesagt wurde, daß das Volk geflohen war, wurde
sein Herz verwandelt und das Herz seiner Großen gegen das Volk, und sie spra-
chen: Warum haben wir das getan und haben Israel ziehen lassen, so daß sie uns
14,6 nicht mehr dienen? Und er spannte seinen Wagen an und nahm sein Volk mit sich
14,7 und nahm sechshundert auserlesene Wagen und was sonst an Wagen in Ägypten war
mit Kämpfern auf jedem Wagen.
14,8 Und der Herr verstockte das Herz des Pharao, des Königs von Ägypten, daß er den
Kindern Israel nachjagte. Aber die Kinder Israel waren unter der Macht einer star-
14,9 ken Hand ausgezogen. Und die Ägypter jagten ihnen nach mit Rossen, Wagen und
ihren Männern und mit dem ganzen Heer des Pharao und holten sie ein, als sie sich
gelagert hatten am Meer bei Pihachiroth vor Baal-Zephon.“

Auch diese Szene beginnt mit einer Zeit- und Umstandsbestimung: „Als dem König von Ägypten gemeldet wurde, daß das Volk geflohen war . . .“

Wenn man den weiteren Zusammenhang, in dem der Text steht, nicht beachtet, stutzt man, wenn einerseits von Flucht die Rede ist, andererseits davon, daß der Pharao das Volk hatte ziehen lassen (13,17 und 14,5). In den vorangehenden Kapiteln geht es jedoch mehrfach darum, daß die Israeliten in die Wüste ziehen wollen, um ihrem Gott zu dienen (5,3 und öfter vgl. 10,24 ff.). An eine Art Prozession ist zu denken. Dieser hat der Pharao zugestimmt, wenn auch nach langem Zögern. Er hat das Volk endlich „ziehen lassen“. Jetzt aber wird ihm gemeldet, daß Israel geflohen sei. Es hat also die Erlaubnis des Pharao zur Flucht ausgenutzt. Damit ist eine neue Situation geschaffen. Der Pharao ändert seinen Sinn, läßt seine Streitwagen anspannen und nimmt seine Leute mit sich. Der Text ist also klar.

Allerdings hat der Herr nach 14,3 eine andere Meinung des Pharao erwartet! Er sollte denken, Israel habe sich in der Wüste verirrt, die Wüste hätte sie eingeschlossen. Wie ist dieser Unterschied zu verstehen? Hat sich Gott geirrt?

1.2.3. Die dritte Szene 14,10–18

10 „Und als der Pharao nahe herankam, hoben die Kinder Israel ihre Augen auf, und
siehe, die Ägypter zogen hinter ihnen her.
Und sie fürchteten sich sehr und schrien zu dem Herrn und sprachen zu Mose:
11 Waren nicht Gräber in Ägypten, daß du uns wegführen mußtest, damit wir in der
Wüste sterben? Warum hast du uns das angetan, daß du uns aus Ägypten geführt
12 hast? Haben wir's dir nicht schon in Ägypten gesagt: Laß uns in Ruhe, wir wollen
den Ägyptern dienen? Es wäre besser für uns, den Ägyptern zu dienen, als in der
Wüste zu sterben.
13 Da sprach Mose zum Volk: Fürchtet euch nicht, stehet fest und sehet zu, was für ein
Heil der Herr heute an euch tun wird. Denn wie ihr die Ägypter heute seht, wer-
14 det ihr sie niemals wiedersehen. Der Herr wird für euch streiten, und ihr werdet
stille sein.
15 Und der Herr sprach zu Mose: Was schreist du zu mir?
16 Sage den Kindern Israel, daß sie weiterziehen. Du aber hebe deinen Stab auf und
recke deine Hand über das Meer und teile es mitten durch, so daß die Kinder Israel
auf dem Trockenen mitten durch das Meer gehen.
17 Siehe, ich will das Herz der Ägypter verstocken, daß sie hinter euch herziehen, und
will meine Herrlichkeit erweisen an dem Pharao und aller seiner Macht, an seinen
18 Wagen und Männern. Und die Ägypter sollen innewerden, daß ich der Herr bin,
wenn ich meine Herrlichkeit erweise an dem Pharao und an seinen Wagen und
Männern."

In Vers 9 hieß es, daß die Ägypter die Israeliten erreichten, als diese am Meer *lagerten.* Daneben steht nun der Satz: „Und als der Pharao nahe herankam, hoben die Kinder Israel ihre Augen auf, und siehe, die Ägypter *zogen hinter ihnen her.*" Setzt das Hinterherziehen nicht voraus, daß die Israeliten unterwegs sind, eben nicht lagern?

Wir erinnern uns an die erste Szene. Dort wurde einmal das Bild immerwährenden Wanderns geboten – bei Tag und Nacht; daneben das der Wanderung von Lagerplatz zu Lagerplatz. Kehren diese unterschiedlichen Vorstellungen hier wieder?

Das Herannahen der Ägypter löst bei den Israeliten eine Reaktion aus: Sie fürchten sich und schreien zum Herrn (V. 10). Auch machen sie Mose Vorwürfe (V. 11 f.). Er antwortet (V. 13 f.). Er ruft das Volk auf, fest zu stehen und zuzusehen, „was für ein Heil der Herr heute an euch tun wird". Er gibt die Verheißung: „Der Herr wird für euch streiten, und ihr werdet stille sein."

Ein Wort des Herrn an Mose schließt an (V. 15). Wieder ist ein Zusammenhang nicht recht gewahrt, wird doch Mose der Vorwurf gemacht: „Warum schreist du?"! Dabei hatte doch gerade er versucht, das schreiende Volk zu beruhigen! Auch heißt es, er – Mose – solle das Meer spalten (V. 16); wie denn, der Herr will doch selber kämpfen (V. 14)! Und nach Vers 13 sollen sie fest stehen, stille sein, zuschauen; nach Vers 16 aber mitten durch das Meer gehen?

Bei aller Unstimmigkeit zwischen Vers 13 f. einerseits und Vers 15 f. andererseits ist nicht zu übersehen, daß Vers 17 f. zu Vers 4 f. gehören: Jeweils ist davon die Rede, daß der Herr das Herz des Pharao verstocken will.

1.2.4. Die vierte Szene 14,19–29

19 „Da erhob sich der Engel Gottes, der vor dem Heer herzog, und stellte sich hinter
sie.

20 Und die Wolkensäule vor ihnen erhob sich und trat hinter sie und kam zwischen das
Heer der Ägypter und das Heer Israels. Und dort war die Wolke finster, und hier
erleuchtete sie die Nacht, und so kamen die Heere die ganze Nacht einander nicht
näher.
21 Als nun Mose seine Hand über das Meer reckte, ließ es der Herr zurückweichen
durch einen starken Ostwind die ganze Nacht und machte das Meer trocken, und die
22 Wasser teilten sich. Und die Kinder Israel gingen hinein mitten ins Meer auf dem
Trockenen, und das Wasser war ihnen eine Mauer zur Rechten und zur Linken.
23 Und die Ägypter folgten ihnen und zogen hinein ihnen nach, alle Rosse des Pharao,
seine Wagen und Männer, mitten ins Meer.
24 Als nun die Zeit der Morgenwache kam, schaute der Herr auf das Heer der Ägyp-
ter aus der Feuersäule und der Wolke und brachte einen Schrecken über ihr Heer
25 und hemmte die Räder ihrer Wagen und machte, daß sie nur schwer vorwärtskamen.
Da sprachen die Ägypter: Lasset uns fliehen vor Israel, der Herr streitet für sie wider
Ägypten.
26 Aber der Herr sprach zu Mose: Recke deine Hand aus übers das Meer, daß das
Wasser wiederkomme und herfalle über die Ägypter, über ihre Wagen und Männer.
27 Da reckte Mose seine Hand aus über das Meer, und das Meer kam gegen Morgen
wieder in sein Bett, und die Ägypter flohen ihm entgegen. So stürzte der Herr sie
28 mitten ins Meer. Und das Wasser kam wieder und bedeckte Wagen und Männer
und das ganze Heer des Pharao, das ihnen nachgefolgt war ins Meer, so daß nicht
29 einer von ihnen übrigblieb. Aber die Kinder Israel gingen trocken mitten durchs
Meer, und das Wasser war ihnen eine Mauer zur Rechten und zur Linken."

Von einem vor dem Heer herziehenden Engel Gottes (V. 19) war bisher noch nicht die Rede. Er konkurriert doch wohl mit der Wolkensäule, zumal auch von dieser gesagt wird, daß sie hinter das Heer tritt.
Die Aussagen von Vers 21 ff. kennen wir, wenn nicht anders, so doch durch Bilder: Mose reckt seine Hand über das Meer, die Wasser teilen sich und stehen rechts und links wie eine Mauer; die Israeliten ziehen trocknen Fußes hindurch, die Ägypter folgen ihnen mitten ins Meer und kommen um.

Aber wird hier eindeutig so erzählt?
Sehen wir Vers 21 f. genauer an. Sicher, dort wird erzählt, daß sich das Wasser teilt und rechts und links wie eine Mauer steht. Mittendrin aber ist von einem Ostwind die Rede, der Herr läßt ihn die ganze Nacht wehen, das Meer auszutrocknen. Kann sich aber in einem ausgetrockneten Meer noch Wasser teilen und wie Wände stehen? Ist in Vers 21 f. nicht ein offensichtlicher Widerspruch enthalten?
Nach Vers 24 f. verwirrt der Herr die Ägypter aus der Wolkensäule heraus, so daß sie sich panikartig zur *Flucht* entschließen. Dem entspricht, daß die Ägypter dem zurückkehrenden Wasser entgegen*fliehen* (V. 27). In Vers 28 wird dann erzählt, daß die Ägypter von den Wassern bedeckt werden, als sie den Israeliten *nachfolgen* auf dem Weg durch die Wasserwände hindurch. Erst ist also davon die Rede, daß die Ägypter fliehen, dann, daß sie dem Feind nachfolgen. Fliehen und nachfolgen sind doch aber zwei kriegstechnische Ausdrücke, die einander entgegengesetzte Verhaltensweisen beschreiben! Enthält der Text nicht auch hier einen Widerspruch?

1.2.5. Schlußbemerkung 14,30.31

30 „So errettete der Herr an jenem Tage Israel aus der Ägypter Hand. Und sie sahen
die Ägypter tot am Ufer des Meeres liegen.

31 So sah Israel die mächtige Hand, mit der der Herr an Ägypten gehandelt hatte. Und das Volk fürchtete den Herrn, und sie glaubten ihm und seinem Knecht Mose."

Diese Schlußbemerkung läßt sich gut aufgliedern.
Zuerst ist noch einmal von dem die Rede, was der Herr getan hat. Sodann wird zweimal gesagt, was die Israeliten gesehen haben. Zunächst – so könnte man sagen –, was sie konkret sehen: Die Ägypter tot am Ufer des Meeres. Sodann, was sie hinter dem Geschehen erkennen: Sie sehen die gewaltige Hand, mit der der Herr an den Ägyptern gehandelt hat.
Abschließend wird die Wirkung auf die Israeliten in doppelter Weise festgestellt: 1. Sie fürchten den Herrn, und 2. sie glauben dem Herrn und seinem Knecht Mose. Man kann fragen, welcher Unterschied besteht zwischen Gottesfurcht und Glaube. Doch führt diese Frage über die erste Feststellung, was im Text steht, hinaus.

1.2.6. Zusammenfassung

Die Analysen der Szenen haben gezeigt, daß Vorstellungen begegnen, die miteinander konkurrieren. So wurde z. B. die Führung des Volkes durch Gott einerseits mit Hilfe der Wolken- bzw. Feuersäule, andererseits durch das an Mose ergehende Wort dargestellt. Der Untergang der Ägypter geschah einmal dadurch, daß sie dem zurückkehrenden Meer entgegenflohen, aber auch dadurch, daß die ihnen zur Rechten und zur Linken stehenden Wasserwände über ihnen zusammenschlugen. Das heißt aber, daß der gute Aufbau der Erzählung durch Uneinheitlichkeit innerhalb der einzelnen Abschnitte gestört ist. Der Hörer kann nicht recht folgen. Er wird nicht wirklich mitgenommen – eher immer wieder fragend stehengelassen. Eine Erzählung also, die doch keine Erzählung ist?

> Trotz des szenisch guten Aufbaus ist der Text in sich uneinheitlich. Unterschiedliche Vorstellungen konkurrieren miteinander.

1.3. Zusammenstellung von Einzelbeobachtungen

Stellen wir die Einzelbeobachtungen noch einmal nebeneinander bzw. untereinander. Das Ordnen kann so geschehen, daß wir die Aussagen, die nicht recht zusammenpassen bzw. sich widersprechen, in der Reihenfolge, in der sie auftauchen, nebeneinanderschreiben. Das ergibt:

1.	a) Gott führt die Israeliten in einer Wolken- bzw. Feuersäule bei Tag und Nacht.	b) Mose gibt im Auftrag Gottes Anweisungen über den Weg des Volkes von Lagerplatz zu Lagerplatz.
2.	a) Der Pharao verfolgt die Israeliten, weil ihm ihre Flucht gemeldet wird.	b) Der Pharao verfolgt die Israeliten, weil er annehmen muß, daß diese sich in der Wüste verirrt haben.
3.	a) Angesichts der Verfolger sagt Mose dem Volk, daß sie fest stehen und zuschauen sollen.	b) Der Herr gibt Mose den Befehl, das Volk aufbrechen zu lassen.
4.	a) Der Herr wird für Israel kämpfen.	b) Mose soll im Auftrag Gottes das Meer

spalten, damit das Volk hindurchziehen kann.

5. a) Der Herr läßt die ganze Nacht hindurch einen Ostwind wehen, der das Meer austrocknet.

b) Mose spaltet im Auftrag Gottes das Wasser, so daß es rechts und links wie eine Mauer steht.

6. a) Der Herr verwirrt die Ägypter aus der Wolkensäule, so daß sie dem zurückkehrenden Meer entgegenfliehen und umkommen.

b) Mose hebt über den nachfolgenden Ägyptern den Stab und läßt die Wasser über ihnen zusammenstürzen.

Es taucht sicherlich die Frage auf, was diese Gegenüberstellung austrägt.
Zunächst kann man feststellen, daß sich nicht nur an einer Stelle ein Widerspruch zeigt, vielmehr konnten wir sechs Varianten beobachten. Das sollte zu denken geben und die Frage aufkommen lassen, ob wir wirklich mit leichter Hand über sie hinweggehen können.
Lesen wir die Reihe a) und die Reihe b) einmal von oben nach unten. Da muß doch auffallen, daß der Name des Mose in Spalte b) häufiger begegnet als in Spalte a). Bei näherer Betrachtung ergibt sich, daß in b) Mose im Auftrag des Herrn aktiv ist, in a) aber der Herr selber handelt. Mose weist lediglich auf sein Tun hin.
Wir können auch entdecken, daß b) – untereinander gelesen – die wesentlichen Motive der von Bildern bekannten Geschichte enthält, besonders 3b) bis 6b).
Aber auch die Reihe a) ergibt ein Gerüst, nach dem das Meerwunder erzählt werden kann. Allerdings kommt dann eine andere Erzählung heraus als die, die den meisten geläufig ist, siehe 4a) bis 6a).
Anhand dieser Feststellungen ist die Frage berechtigt, ob zwei unterschiedliche aber in sich vorstellbare Erzählungen von der Errettung Israels und dem Untergang der Ägypter im Miteinander überliefert worden sind. Und in der Tat! Aus dem einen Text lassen sich zwei Erzählungen gewinnen!
Die folgende Aufteilung will das zeigen.

Man kann miteinander konkurrierende Vorstellungen so ordnen, daß zwei Vorstellungsreihen herauskommen; man kann annehmen, daß zwei ursprünglich selbständige Erzählungen miteinander verbunden worden sind.

2. ZWEI ERZÄHLUNGEN VON DER ERRETTUNG ISRAELS AM MEER[12]

Entsprechend der Gegenüberstellung in 1.3. sollen die beiden Erzählungen die Bezeichnungen Text A und Text B tragen. Das heißt, in Text A kehren die Motive der Reihe a), in Text B die der Reihe b) wieder. Die Versangaben am Rande zeigen an, wo die jeweiligen Zeilen in der Bibel zu finden sind.

2.1. Text A

13,17 „Als der Pharao das Volk entließ, leitete sie Gott nicht auf dem näheren Wege ins Land der Philister, denn Gott dachte: ‚Daß es dem Volk nicht leid tut, wenn

13,18 sie Kampf erleben, und es dann nach Ägypten umkehrt.‘ Und Gott leitete das
Volk um auf dem Weg in die Wüste zum Schilfmeer. Und in guter Marschordnung
zogen die Israeliten aus dem Lande Ägypten.
13,21 Jahwe[13] aber zog vor ihnen her bei Tag in einer Wolkensäule, um sie zu leiten
auf dem Wege, und bei Nacht in einer Feuersäule, um ihnen zu leuchten, damit
13,22 sie Tag und Nacht wandern konnten. Die Wolkensäule wich nicht bei Tag und
die Feuersäule nicht bei Nacht von dem Volk.

14,5 Als dem König von Ägypten mitgeteilt wurde, daß das Volk entflohen sei, än-
derte sich die Gesinnung des Pharao und seiner Knechte gegen das Volk, und sie
sprachen: ‚Was haben wir nur getan, daß wir Israel aus unserm Dienst entlassen
14,6 haben.‘ Und er ließ seine Wagentruppe anspannen und nahm seine Soldaten mit
14,9a sich. Und die Ägypter verfolgten sie.

14,10a Als der Pharao nahe gekommen war, erhoben die Israeliten ihre Augen, und siehe,
Ägypten zog hinter ihnen her, und sie fürchteten sich sehr. Und Mose sprach zu
14,13 dem Volk: ‚Fürchtet euch nicht! Tretet hin und seht die Rettung Jahwes, die er
heute für euch wirken will! Denn wie ihr die Ägypter heute seht, werdet ihr sie
14,14 nimmermehr sehen. Jahwe wird für euch kämpfen, ihr aber soll stille sein!‘
14,19b Und die Wolkensäule vor ihnen brach auf und stellte sich hinter sie. Und sie
14,20 kam zwischen das Lager Ägyptens und Israels, so daß keiner zum andern gelan-
14,21b gen konnte. Und Jahwe trieb das Meer durch einen starken Wüstenwind die
14,24 ganze Nacht zurück und legte das Meer trocken. In der dritten Nachtwache aber
blickte Jahwe auf das Lager Ägyptens aus der Feuer- und Rauchsäule und ver-
14,25 wirrte das Lager Ägyptens. Und er entfernte die Räder seiner Wagen und führte
sie in schwieriges Gelände. Da sprach Ägypten: ‚Ich will fliehen vor Israel, denn
14,27a Jahwe kämpft für sie gegen Ägypten.‘ Das Meer aber kehrte zurück beim Anbruch
des Morgens in sein Bett, während die Ägypter ihm entgegenflohen.

14,30 So hatte Jahwe an diesem Tag Israel aus der Hand Ägyptens gerettet. Und Israel
14,31a sah Ägypten tot am Rande des Meeres. Und das Volk fürchtete Jahwe.“

2.2. TEXT B

13,20 „Und sie brachen von Sukkoth auf und lagerten in Etham am Rande der Wüste.
14,1 f. Und Jahwe redete zu Mose: ‚Rede zu den Israeliten, daß sie umkehren und sich
vor Pi-hachiroth zwischen Migdol und dem Meer lagern. (Vor Baal-Zephon, ihm
14,3 gegenüber sollt ihr euch lagern am Meer.) Dann wird der Pharao von den Israeli-
ten denken: Sie haben sich verirrt im Lande! Die Wüste hält sie umschlossen. Und
14,4 ich werde das Herz des Pharao verhärten, und er wird ihnen nachjagen. Dann
werde ich mich am Pharao und seinem Heer verherrlichen, und die Ägypter wer-
den erkennen, daß ich Jahwe bin.‘
Und sie taten so.
14,8a Und Jahwe verhärtete das Herz des Pharao, des Königs von Ägypten. Und er
14,7 nahm mit sich sechshundert Elitewagen (und die gesamte Wagentruppe Ägyptens
14,8b mit drei Mann Besatzung auf jedem Wagen). Und er verfolgte die Israeliten –
14,9b während die Israeliten unter einer erhobenen Hand auszogen. Und sie erreichten
sie, als sie am Meer lagerten (alle Pferde des Pharao, seine Fahrer und sein Heer
– bei Pi-hachiroth, vor Baal-Zephon).

14,10b Da schrien die Israeliten zu Jahwe und sprachen zu Mose: ‚Gab es denn keine
14,11 Gräber in Ägypten, daß du uns zum Sterben in die Wüste gebracht hast? Was hast
14,12 du uns angetan damit, daß du uns aus Ägypten herausgeführt hast? Haben wir
nicht schon in Ägypten zu dir gesagt: Laß uns doch Ägypten dienen, denn es ist
besser für uns, Ägypten zu dienen, als in der Wüste zu sterben?‘

14,15 Und Jahwe sprach zu Mose: ‚Was schreist du zu mir? Rede zu den Israeliten,
daß sie aufbrechen! Du aber erhebe deinen Stab und strecke deine Hand über
14,16 das Meer und spalte es, damit die Israeliten mitten durch das Meer auf dem
14,17 Trockenen ziehen können. Und ich, siehe, ich werde das Herz Ägyptens verhärten,
daß sie ihnen nachziehen, und ich werde mich am Pharao und seinem ganzen
14,18 Heer, an seinen Wagen und Fahrern verherrlichen. Und die Ägypter werden erkennen,
daß ich Jahwe bin, wenn ich mich verherrliche am Pharao, an seinen Wagen
und Fahrern.‘

14,21a Und Mose streckte seine Hand über das Meer, da wurde das Wasser gespalten.
14,22 Und die Israeliten zogen mitten durch das Meer auf dem Trockenen, während das
14,23 Wasser rechts und links von ihnen eine Mauer war. Und die Ägypter jagten und
zogen ihnen nach, alle Pferde des Pharao, seine Wagen und Fahrer mitten ins
Meer.

14,26 Und Jahwe sprach zu Mose: ‚Strecke deine Hand über das Meer, daß das Was-
14,27a ser zurückkehre über Ägypten, seine Wagen und Fahrer!‘ Und Mose streckte seine
14,28a Hand über das Meer. Und das Wasser kehrte zurück und bedeckte die Wagen
und Fahrer, ja das ganze Heer des Pharao. Von denen, die hinter ihnen in das
Meer gezogen waren, blieb kein einziger übrig, während die Israeliten auf dem
14,29 Trockenen mitten durch das Meer gezogen waren und das Wasser rechts und links
von ihnen eine Mauer gewesen war.
14,31 Und Israel sah die große Hand, die Jahwe an Ägypten getan hatte, und vertraute
auf Jahwe und seinen Knecht Mose.“

2.3. Erste Beurteilung der beiden Erzählungen

Die Aufteilung zeigt als Ergebnis zwei in sich einheitliche Texte. Beide lassen sich gut lesen und auch wiedergeben; beide erwecken den Eindruck der Vollständigkeit, ohne daß etwas hätte ergänzt werden müssen. Beide können einen Hörer mitnehmen.
Allerdings ist so einiges übriggeblieben. So 1. das Mitnehmen der Gebeine Josephs durch Mose (13,19); keiner der beiden Texte verlangt nach diesem Vers, hingegen würde er die Geschlossenheit beeinträchtigen. 2. Der Engel, der vor dem Heer herzieht bzw. hinter es tritt (14,19a), würde in beiden Texten störend wirken. Man kann annehmen, daß diese Motive später ergänzend hinzugefügt worden sind. Mit 13,19 sollte wohl die Verbindung zu 1. Mose 50 hergestellt werden; in 14,19a wird die Wolkensäule durch das Bild vom Engel Gottes erläutert. Man spricht von späteren „Glossen“. Andere Ausleger wollen allerdings in diesen Versen und Vers 25a die Reste einer weiteren Erzählung vom Meerwunder sehen. Die wäre dann jedoch nur sehr bruchstückhaft erhalten geblieben, eben doch nur in Form der Ergänzungen.
Die im Text eingeklammerten Teile können auch noch als spätere Zusätze – Glossen also – ausgeschieden, aber auch der Umständlichkeit des zweiten Erzählers zugeschrieben werden.

Aus dem Text lassen sich zwei in sich geschlossene Erzählungen vom Wunder am Meer gewinnen; einige Verse bleiben übrig: Es kann angenommen werden, daß im Text zwei ursprünglich selbständige Überlieferungen miteinander verbunden und durch sogenannte „Glossen" oder Reste einer dritten Erzählung ergänzt worden sind.

3. DAS GESCHEHEN

Mit der Herausstellung von zwei in sich geschlossenen Überlieferungen können wir uns nicht zufriedengeben, wenn wir fragen, was denn da nun tatsächlich geschehen ist.
Wohl erzählen beide Texte von gleichen Partnern, den Israeliten und den Ägyptern. Auch wissen beide zu sagen, daß die Ägypter die Israeliten verfolgen, bei dieser Gelegenheit aber im Meer umkommen, während die Israeliten gerettet werden. Aber die Art und Weise des Umkommens wird sehr unterschiedlich und beide Male sehr wunderhaft erzählt. Denn auch in der ersten Erzählung wird doch nicht einfach ein natürlicher Vorgang geschildert! Von einer voranziehenden Wolken- bzw. Feuersäule ist die Rede; Jahwe schaut die Ägypter aus der Säule an und versetzt sie in Panik, so daß sie dem zurückflutenden Meer entgegenfliehen; abgesehen davon ist auch die Vorstellung, daß ein Wüstenwind über Nacht ein Meer trockenlegt, mit unseren meteorologischen Kenntnissen nicht zu erklären.
Hinzu kommt die Frage nach dem Ort des Geschehens. Das Schilfmeer wird genannt. In 1. Kön. 9,26 heißt es, daß Elath und Eben-Ezer am Schilfmeer liegen, der Golf von El-Akaba, östlich der Sinaihalbinsel, ist also gemeint. Sollte dem Erzähler ein so weit von der Ostgrenze Ägyptens entferntes Gewässer vor Augen geschwebt haben? Oder war er sich – ohne moderne Landkarten – nicht klar, daß er einen so fern liegenden Ort nannte? Noch eine andere Möglichkeit, die Ortsangabe zu verstehen, bietet sich an. Das Wort, das in der hebräischen Bibel steht, könnte mit dem ägyptischen für Papyrus zusammenhängen. Es könnte mit „Papyrusmeer" übersetzt werden. Dann wäre an einen papyrusreichen Nilarm im östlichen Delta gedacht.
In der zweiten Erzählung finden sich in 14,2 Ortsangaben: „Bei Pi-hachiroth, zwischen Migdol und dem Meer" und „vor Baal-Zephon". Wo Pihachiroth gelegen hat, ist unbekannt. Eher läßt sich die Ortslage von Baal-Zephon bestimmen; es dürfte ein Heiligtum gemeint sein, das in römischer Zeit (um 200 vor Christus) den Namen Mons Casius trägt; es liegt an einer Nehrung am Mittelmeer. In diese Gegend weist auch „Migdol", das auf der direkten Straße zwischen Ägypten und Palästina in der Nähe der Mittelmeerküste zu suchen ist. Das heißt aber, daß an einen anderen Ort gedacht ist als bei dem Wort „Schilfmeer".
Die unterschiedlichen und schwer zu bestimmenden Ortsangaben lassen also keine eindeutige Ortsbestimmung zu.
In 2. Mose 15,21 stoßen wir auf ein kurzes Lied, das das Geschehen besingt:

„Singet Jahwe, denn er hat eine herrliche Tat getan,
Roß und Mann hat er ins Meer gestürzt."

Es ist allgemein bekannt, daß Lieder in der mündlichen Überlieferung länger überdauern als Erzählungen, Form und Inhalt beständiger bewahren. Der Grund ist leicht einzu-

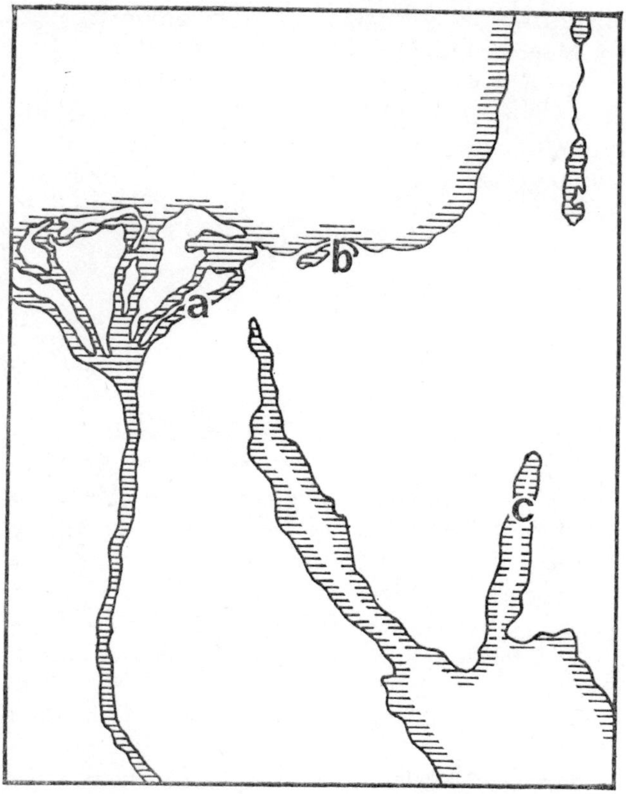

a Papyrusmeer
b Baal-Zephon
c Schilfmeer,
1. Kön. 9,26

sehen: Sie prägen sich wörtlich ein. Darum ist anzunehmen, daß dieser kurze Hymnus die älteste uns erhaltene Nachricht von dem Geschehen am Meer enthält. Er fordert auf zum Lobpreis darüber, daß Jahwe eine herrliche Tat getan hat. Man hatte das Geschehen als Tat Jahwes erfahren. Der Hergang selbst wird nur kurz gestreift: Roß und Mann sind im Meer umgekommen. Darin aber sind sich auch Text A und B einig. Es wäre nun zu fragen, ob diesem Geschehen ein historischer Kern zugrunde liegen könnte.[14]

Weder die Vorstellung über den genauen Hergang des Geschehens noch über die geographische Lage sind aus den Texten klärbar; sie sind sich aber darin einig, daß Fliehende von einer ägyptischen Streitmacht verfolgt werden; dabei kommen die Ägypter in einer Flutkatastrophe ums Leben.
Die Texte befriedigen unser Interesse an einer genauen Darstellung des Verlaufs nicht, doch kann gefragt werden, ob ein historischer Kern zugrunde liegen könnte.

3.1. Der historische Kern des Erzählten

Der Text 2. Mose 13–14 steht in einem größeren Zusammenhang, den man kurz folgendermaßen skizzieren kann:
Freie Beduinen kommen während einer Hungersnot nach Ägypten (Josephsgeschichten).

Dort werden ihnen schwere Fronarbeiten auferlegt (2. Mose 1 u. 2). Sie sind bestrebt, diesen zu entkommen (2. Mose 3 ff.), man will sie aber nicht ziehen lassen. Als sie doch gehen, setzt man ihnen nach.
Ist dieser Zusammenhang aus historischer Sicht denkbar? Um diese Frage zu beantworten, bedarf es einiger außerbiblischer Informationen:
Aus einer alten ägyptischen Inschrift wissen wir, daß eine Gruppe von Halbnomaden, „die nicht wußte, wo sie leben sollte, kam, um ein Heim im Gebiet des Pharao zu erbitten" (um 1350 v. Chr.). Ein Papyrus aus der Zeit um 1250 v. Chr. enthält den Bericht eines ägyptischen Grenzbeamten. Er schreibt, daß an der Ostgrenze der Durchzug der Beduinen beendet sei, „um sie und ihre Herden in den Besitzungen des Pharao am Leben zu erhalten". Historisch gesehen entspricht es den Gegebenheiten der alten Zeit, daß Nomaden im fruchtbaren Nildelta Zuflucht suchten und fanden (vgl. 1. Mose 12,10–20; 42,1 ff.; 43,1 ff.; 46,1 ff.).
Auch über die Art ihres Lebens in Ägypten können wir aus außerbiblischen Urkunden so allerlei erfahren. Schon die Bezeichnung, mit der man sie zu benennen pflegte, macht einiges deutlich. Man nannte sie mit einem Fremdwort „pr", auf hebräisch „Hebräer"; der Ausdruck begegnet in Mesopotamien in der Form „Habiru" und bezeichnet den Stand derer, die in dem Lande, in dem sie wohnen, keinen vollen Rechtsanspruch besitzen. Sie wurden – rechtlich wehrlos – zu harten Fronarbeiten gezwungen.
Auf alten ägyptischen Bildern kann man deutlich erkennen, daß semitische Fronarbeiter Ziegel brennen und andere schwere Bauarbeiten verrichten. Wenn das auch nicht heißen kann, daß auf diesen Bildern gerade die zu sehen sind, von denen am Anfang des zweiten Mosebuches erzählt wird, so machen sie doch deutlich, daß Nomaden aus östlichen Gebieten in Ägypten als Fronarbeiter anzutreffen waren. Man beachte, daß gerade in 2. Mose 1–12 die Israeliten häufig als Hebräer bezeichnet werden.
Es ist anzunehmen, daß die ehemals freien Beduinen in klimatisch günstigeren Zeiten bestrebt waren, der Fronherrschaft zu entkommen. Es ist aber auch verständlich, daß man in Zeiten gesteigerter Bautätigkeit die Hebräer nicht wieder ziehen lassen wollte – wenn auch die ägyptischen Quellen hierüber nichts berichten. Zur Zeit Ramses II. (13. Jh. v. Chr.) herrschte eine Hochsaison im Bauwesen, die Städte Phitom und Ramses wurden gebaut. Es ist gut denkbar, daß die Notiz 2. Mose 1,11 auf alte historische Erinnerungen zurückgeht.
So ist zu sagen, daß vom weiteren Zusammenhang her das Ereignis, von dem in 2. Mose 13 und 14 die Rede ist, auf einen historischen Kern zurückgeführt werden kann: Eine Gruppe von semitischen Beduinen hatte während einer Hungersnot in Ägypten Zuflucht gesucht; später versuchten die Nachkommen, in das freie Beduinenleben zurückzukehren, wurden aber von einer ägyptischen Streitwageneinheit verfolgt. Die Ägypter kamen bei der Verfolgung in einer Flutkatastrophe ums Leben, die Geretteten erblickten in dem Geschehen die gewaltige Hand des Herrn.

> Außerbiblische Quellen weisen darauf hin, daß der Rahmen, in dem der Text steht, den Gegebenheiten der alten Zeit entspricht. Mit einem historischen Kern des Erzählten kann gerechnet werden.

3.2. Die Überlieferung von dem Geschehen

Die Bedeutung, die dieses Geschehen für das alte Gottesvolk hatte, kann man ermessen, wenn man erkannt hat, daß im Alten Testament von keinem anderen Thema so häufig die Rede ist wie von diesem. Und das an hervorragenden Stellen. Wir brauchen nur an die Gebote zu erinnern. Das erste beginnt in 2. Mose 20,2 mit den Worten:

> „Ich bin Jahwe, dein Gott, der ich dich aus Ägypten,
> aus dem Diensthause, geführt habe."

Wohl wird das Wunder am Meer nicht direkt genannt, aber doch indirekt, wenn der Herr als der vorgestellt wird, der aus der Knechtschaft in Ägypten herausgeführt hat.

Betrachten wir einen anderen Text. In 5. Mose 26,4–10 heißt es:

> „Und der Priester soll den Korb aus deiner Hand nehmen und ihn vor dem Altar des Herrn, deines Gottes, niedersetzen. Dann sollst du anheben und sagen vor dem Herrn, deinem Gott: Mein Vater war ein Aramäer, dem Umkommen nahe, und zog hinab nach Ägypten und war dort ein Fremdling mit wenig Leuten und wurde dort ein großes, starkes und zahlreiches Volk. Aber die Ägypter behandelten uns schlecht und bedrückten uns und legten uns einen harten Dienst auf. Da schrien wir zu dem Herrn, dem Gott unserer Väter. Und der Herr erhörte unser Schreien und sah unser Elend, unsere Angst und Not und führte uns aus Ägypten mit mächtiger Hand und ausgerecktem Arm und mit großem Schrecken, durch Zeichen und Wunder, und brachte uns an diese Stätte und gab uns dies Land, darin Milch und Honig fließt. Nun bringe ich die Erstlinge der Früchte des Landes, das du, Herr, mir gegeben hast."

Zunächst wird vom Vater gesprochen, der nach Ägypten hinabzog; dann aber von „uns", zuletzt sogar in der ersten Person des Singulars („. . . mir gegeben hast"). Das macht deutlich, daß nicht ein Bericht vorliegt, sondern ein Bekenntnis! Du, Herr, hast meinen Vätern – und mit ihnen mir – dies und das getan!
Das Geschehen, das genannt wird, ist die Herausführung aus Ägypten und die Gabe des Landes Kanaan, des Landes, in dem – mit den Augen des Beduinen gesehen – Milch und Honig fließt.
Beachten wir: es fehlt in diesem Bekenntnis das, was wir vielleicht zuerst erwartet hätten, das Bekenntnis zu Gott dem Schöpfer; es fehlt auch die Erwähnung der Gebote, des Sinaigeschehens. Gott wird nicht als der Schöpfer oder Gesetzgeber bekannt, sondern als der, der aus der Sklaverei herausgerettet und Land – Raum zum Leben – gegeben hat!
Dieses Bekenntnis ist nicht einmalig. In 5. Mose 6,21 ff. wird z. B. ein ähnliches überliefert. Diesmal wird es durch den Rahmen, in dem es steht, als Katechismus gekennzeichnet: „So sollst du deinem Sohn sagen." Wieder ist von der starken Hand die Rede, mit der der Herr Israel aus Ägypten herausgeführt hat.

Auch in den Psalmen wird das Ereignis besungen und als das zentrale Geschehen, von dem Israel lebt, angesehen. Sehen wir uns Psalm 78 an. In ihm ist gleich dreimal von dem Meerwunder die Rede:

13 „Er zerteilte das Meer und ließ sie hindurchziehen
und stellte das Wasser fest wie eine Mauer . . .
42 Sie dachten nicht an die Taten seiner Hand,
an den Tag, da er sie erlöste von den Feinden . . .
53 Und er leitete sie sicher,
daß sie sich nicht fürchteten,
aber ihre Feinde bedeckte das Meer."

Wenn man den Zusammenhang beachtet, begegnet fast ermüdend der Vorwurf, den auch Vers 42 nennt: Sie gedachten nicht mehr daran. Oder Vers 46 „aber sie versuchten Gott und trotzten dem Höchsten“. Gedenken heißt also mehr als ein zufälliges Zurückdenken; die Rettungstat soll bedacht werden als der Grund, auf dem man lebt, von dem her zu handeln man aufgerufen ist.

Nehmen wir noch eine späte Prophetenstelle hinzu, Jes. 43,16–19:

„So spricht der Herr,
der im Meer einen Weg
und in starken Wassern Bahn macht,
der ausziehen läßt Wagen und Rosse,
Heer und Macht,
daß sie auf einem Haufen liegen und nicht aufstehen,
daß sie verlöschen, wie ein Docht verlischt:
Gedenket nicht an das Frühere
und achtet nicht auf das Vorige!
Denn siehe, ich will Neues schaffen ...“

Wie im ersten Gebot heißt es in der Vorstellung Gottes, daß er der ist, der aus Ägypten herausgeführt hat. Hier wird das Meerwunder sogar direkter genannt als in 2. Mose 20,2. Eigenartig mag der Aufruf anmuten: „Gedenket nicht an das Frühere ...“ Doch muß beachtet werden, daß er hinführt zu dem Satz: „Denn siehe, ich will Neues schaffen.“ Israel wird also aufgerufen von dem Herrn, der im Meer Bahn macht, nicht nur das Alte zu berichten, sondern Neues zu erhoffen! Das heißt: Das Meerwunder ist noch immer das Glaubensbekenntnis Israels – auch in später Zeit, in der Zeit der Babylonischen Gefangenschaft. Aber es will nicht als Vergangenes verstanden, sondern als Grund der Hoffnung für die Zukunft angenommen werden!

In der vielfältigen Überlieferung begründet die Herausführung aus Ägypten als wunderbares Tun des Herrn
die Gebote,
den Aufruf zur Umkehr,
Zuspruch und Hoffnung.
Sie bildet die Mitte des Glaubensbekenntnisses Israels.

Wenn das so ist, muß ernsthaft bezweifelt werden, daß die in 2. Mose 13 und 14 überlieferten Erzählungen lediglich von einmal Geschehenem berichten wollen! Es dürften vielmehr Texte vorliegen, die den Hörer mitnehmen wollen auf einen Weg, der ihn etwas angeht, denn es wird das Glaubensbekenntnis erzählt! Darum ist anzunehmen, daß der Unterschied der Texte etwas zu tun hat mit dem Hörer: Der eine muß so, der andere anders auf den Weg des Glaubens geholt werden. Weil sich jeder woanders befindet. Weil Glaube in jeder Zeit neu, anders gelebt sein will.

In 2. Mose 13 und 14 wird in zwei Variationen das Glaubensbekenntnis Israels erzählend zur Sprache gebracht.

4. ZUR AUSLEGUNG DES TEXTES 2. MOSE 13,17 – 14,31

Wir erkannten: Zwei ursprünglich selbständige Erzählungen von der Errettung Israels am Meer sind miteinander verbunden worden. Sie wollen je auf ihre Weise das Geschehen, das Israel als die grundlegende Heilstat Gottes bekennt, zur Sprache bringen. Bei der Auslegung sollen darum die Erzählungen zunächst in ihrer Sonderheit betrachtet werden; anschließend soll aber auch nach dem Ineinander des biblischen Textes gefragt werden. Wir dürfen bei alledem nicht aus den Augen verlieren: Dem Erzählten liegt ein historischer Kern zugrunde; aber die Absicht des Textes ist es, Glaubensbekenntnis verbindlich weiterzusagen.

4.1. Zur Auslegung des Textes A

4.1.1. Zum Aufbau

Text A zeigt deutlich die in 1.1. genannten vier Szenen und die Schlußbemerkung. Die Erzählweise ist anschaulich. Es werden jeweils zwei Personen bzw. Personengruppen genannt; in jeder Szene begegnet direkte Rede: Gott, Pharao, Mose, die Ägypter treten nacheinander als Sprecher auf. Die Sätze, die gesprochen werden, stehen in Szene eins und zwei bzw. drei und vier in Beziehung zueinander: Gott will das Volk so leiten, daß es nicht nach Ägypten zurückkehrt; der Pharao bereut, daß er das Volk aus dem Dienst, aus Ägypten entlassen hat. Mose spricht dem Volke zu: Jahwe wird für euch kämpfen; die Ägypter stellen fest, daß Jahwe für Israel kämpft. Diese wechselseitigen Beziehungen unterstreichen, daß es sich in dem „gefundenen“ Text um eine Erzähleinheit handelt.

4.1.2. Zum Inhalt

Pharao – Volk – Gott: Die handelnden Personen werden gleich im ersten Satz vorgestellt. Der Pharao hat das Volk ziehen lassen, Gott führt es so, daß der ängstliche Haufe nicht erschreckt nach Ägypten zurückbegehrt.[15]

Obwohl von einem stetigen Wandern die Rede ist, bietet der erste Abschnitt ein Bild des Friedens: Gott leitet das Volk vorbei an den Gefahren; er führt es sichtbar[16], bei Tag und Nacht. Dem entspricht die Notiz, daß das Volk in guter Marschordnung aus Ägypten ausgezogen ist.

In der zweiten Szene wird das Handeln des Pharao dargestellt. Wieder macht direkte Rede die Erzählung lebendig. Sie steht der im ersten Abschnitt entgegen: Wollte Gott die Rückkehr Israels nach Ägypten vermeiden, so sehen nun die Ägypter einen Fehler darin, daß sie das Volk aus ihrem Dienst entlassen haben. Handelte Gott seinem Denken gemäß – er ließ das Volk einen Umweg machen –, so jetzt die Ägypter: Sie machen sich auf, Israel zu verfolgen. Auffallend ist die Sachlichkeit, mit der erzählt wird: Der Pharao handelt – von seinem Standpunkt aus – politisch einsichtig. Er wird nicht als Greuelfigur hingestellt!

Durch das Gegenüber der beiden Szenen ist die Spannung gesetzt. Wer behält das letzte Wort? Gott oder der ägyptische König?

Die dritte Szene beginnt wieder anschaulich: Die Israeliten erheben ihre Augen und sehen die Ägypter hinter sich herziehen. Die Reaktion wird genannt: Sie fürchten sich sehr. Nun tritt Mose auf. Eine neue Person, bisher noch nicht in den Text eingeführt? Seine Worte geben Auskunft: Er redet für Jahwe, sein Tun ansagend (vgl. 4,10–12).

Die Rede läßt sich rhythmisch und gedanklich gliedern:

„Fürchtet euch nicht!
Tretet hin und sehet die Rettung Jahwes,
die er heute an euch tun wird.
Denn wie ihr die Ägypter heute seht,
werdet ihr sie nie wieder sehen.
Jahwe wird für euch kämpfen,
ihr aber sollt stille sein."

Der Aufruf, sich nicht zu fürchten, begegnet in den erzählenden Texten Josua 8 und 10 als Einleitung der Zusage, daß Gott für Israel kämpfen, es vor den Feinden erretten wird (Jos. 8,1; 10,8.25), also in ähnlichem Zusammenhang. Allerdings fällt auf, daß an den genannten Stellen nicht zuvor erzählt wird, daß sich da jemand fürchtet. Wenn die Wendung trotzdem dasteht, liegt das daran, daß sie zur Heilszusage hinzugehört! Dem entspricht, daß wir den Aufruf „Fürchtet euch nicht" noch in sehr späten Prophetenschriften als Einleitung einer Heilszusage finden (Jes. 43,1 und öfter). Die Moserede ist also von der Form der *Heilszusage* geprägt worden.

Die beiden folgenden Glieder sagen zwei Seiten einer Sache an: Israel wird aufgerufen, hinzutreten und zu *sehen* die Rettung, die Jahwe heute für sie wirken will; das heißt, so, wie sie die Ägypter heute *sehen* werden, sollen sie sie nimmermehr *sehen*. Das *Sehen* der verfolgenden Ägypter hatte Furcht ausgelöst. Israel wird zugesagt, daß es anderes zu *sehen* bekommen wird.

Inhaltlich wird nicht ausgemalt, was Israel sehen wird. Das wird nur angedeutet. So wird meisterhaft erzählt. Die Spannung wird nicht vorzeitig aufgelöst, sondern erhöht.

Abschließend wird die Rolle, die Jahwe einerseits und Israel andererseits zukommt, genannt: Jahwe wird kämpfen, Israel soll stille sein. Daß dabei von Israel viel – nämlich Vertrauen – verlangt wird, darf nicht übersehen werden!

In der vierten Szene ist das Bild des friedlichen Ziehens dem der spannungsreichen Begegnung zweier feindlicher Gruppen endgültig gewichen. Dementsprechend ändert die Wolken- bzw. Feuersäule ihre Stellung. Jahwe tritt während der Nacht zwischen die beiden Heere. So hüllt er Israel ein in seine schützende Gegenwart. Die Ägypter aber blickt er – so wird erzählt – aus der Israel schützenden Wolkensäule an und versetzt sie in panikartige Verwirrung. Wie Jahwe die Ägypter anblickt, wird nicht ausgemalt, es bleibt unanschaubar. Daß die Ägypter das, was ihnen geschieht, als ein Tun Jahwes erfahren, zeigt die direkte Rede, mit der sie das Wort des Mose indirekt bestätigen: „Jahwe kämpft für Israel." Die Folgen werden anschließend genannt: Die Ägypter fliehen dem wiederkehrenden Meer entgegen.

Fast möchte man sagen, daß die Erzählung des eigentlichen Meerwunders überflüssig geworden ist. Zumindest ist es lediglich ein Teil des Geschehens: Die Ägypter fliehen dem wiederkehrenden Wasser entgegen; darum mußte zuvor erzählt werden, daß Jahwe es durch einen starken Ost- oder Wüstenwind zurückweichen ließ.

Wieder wird sachlich und zurückhaltend erzählt, eine Katastrophe wird nicht ausgemalt!

Die Erzählung erfährt einen zusammenfassenden Abschluß: Er unterstreicht noch einmal die Bedeutung der Rede (V. 13–14). In drei Schritten wird die Erfüllung gezeigt; Jahwe hat Israel heute gerettet; Israel hat die Ägypter gesehen, tot am Ufer des Meeres; aus dem Sich-Fürchten ist Gottesfurcht geworden. Die Moserede und die Schlußworte enthalten Zeitbestimmungen. Dem zweimaligen „heute" in 14,13 entspricht „an diesem Tage" in Vers 30. Von der Nacht und dem Morgen ist die Rede.[17] Von einem Geschehen also, das sich in bestimmter, von Gott gesetzter Stunde ereignet hat. An konkretem Ort und zu konkreter Zeit hat Israel die rettende Hilfe Jahwes erfahren, hat sich Furcht vor Menschen in Gottesfurcht verwandelt.

4.1.3. Zur Erzählweise

Wir sahen: Der Aufruf „Fürchtet euch nicht" und eine anschließende Zusage der Errettung von den Feinden begegnet auch in Jos. 8 und 10. Es sind noch mehr Parallelen zu entdecken. In Jos. 10,10 ist auch von einer Verwirrung die Rede, einer panikartigen Angst, die von Jahwe her auf die Feinde fällt. Auch dort tritt eine Naturkatastrophe hinzu: Jahwe läßt einen gewaltigen Hagelschlag auf die Feinde herniedergehen, so daß die meisten umkommen (10,11). Diese Parallelen zeigen, daß in Text A Motive vorkommen, die bestimmten Erzählzusammenhängen eigen sind. Man nennt sie die Überlieferungen vom *Heiligen Krieg*. Den Texten ist gemein, daß nicht Israel für Jahwe, sondern Jahwe für Israel kämpft. Er errettet sein Volk! Der Heilige Krieg ist also im Alten Testament alles andere als ein Religionskrieg, als ein Krieg der Menschen für Gott und seine Sache. Im Gegenteil! Gott sagt seinem bedrängten Volk Hilfe zu und kämpft für es. Die Aktivität des Volkes wird weitgehend ausgeschaltet. Allerdings nirgends so extrem wie in unserm Text. Hier kämpft nun wirklich Jahwe ganz allein. Er allein ist es, der seinem Volk Leben ermöglicht.

Das Glaubensbekenntnis Israels wird also nicht irgendwie erzählt. Vielmehr hat die Erzählung eine bestimmte Gestalt angenommen, ist nach vorgefundenem Muster geformt worden, nach der Überlieferung vom Heiligen Krieg. Das heißt noch einmal mehr, daß hier nicht einfach von einem vergangenen Ereignis berichtet wird. Eher könnten wir sagen, daß mit der Form die Erfahrungen, die Israel in den Heiligen Kriegen gemacht hat, in das alte Glaubensbekenntnis aufgenommen worden sind: In all den wunderbaren Errettungen, die Israel vom Seßhaftwerden bis hin zur Entstehung des Königtums zu erzählen weiß, ist es dem Gott begegnet, der es aus Ägypten, aus der Knechtschaft geführt hat. Er hat sich weiterhin als Helfer und Retter erwiesen. Ihm verdankt das Gottesvolk seine Existenz.

Einerseits weist der Text sehr wunderhafte Züge auf, aus Tradition und Erzählmuster übernommen, sie wollen das Geschehen als ein Handeln Jahwes sinnfällig machen. So ist die Wolken- bzw. Feuersäule Ausdruck dafür, daß Gott sein Volk führt, daß er immer bei ihm ist. Und wenn es heißt, daß Gott das Meer durch einen wundermächtigen Wind forttreibt und dann zurückfluten läßt, dann soll doch wohl gerade so gesagt werden, daß Gott ganz konkret mitten in der Not dieser Welt für sein Volk eingetreten ist und eintritt.

Andererseits wird aber – und das darf nicht übersehen werden – sehr zurückhaltend erzählt. Nichts wird breit ausgemalt! So gewinnt der Text beispielhaften Charakter. Das einmalige Geschehen tritt so skizzenhaft in Erscheinung, daß es für viele andere stehen kann. Die menschlichen Partner sind so stark typisiert worden, daß der Hörer sich selbst in der Geschichte – in dieser oder in jener Gestalt – wiederfinden kann. Erzähltes Glaubensbekenntnis will ihn mitnehmen.

4.1.4. Der Text und sein Hörer

Bekenntnis wird erzählt, Erzählung will einen Hörer mitnehmen. Wer aber ist der ursprüngliche Hörer oder Leser des Textes? Sind für ihn die oben erhobenen Aussagen wichtig?

Der Text wird zu einem Erzählwerk gerechnet, das in den Mosebüchern enthalten ist. Man nennt es das „Jahwistische Erzählwerk", kurz „Der Jahwist".[18] Seine Texte stehen neben denen anderer Erzählwerke oder sind, wie im vorliegenden Falle, mit solchen verbunden.

Mit weitgehender Übereinstimmung wird der Jahwist der ersten Königszeit zugeordnet, der davidisch-salomonischen Zeit. Damit aber wird etwas über die Leser bzw. Hörer ausgesagt. Sie leben im 10. Jahrhundert vor Christus, in der Blütezeit Israels. Israel hat andere Völker unterworfen und herrscht wie ein Großreich des alten Orients vom Euphrat bis zum Nil. Viele Staaten sind ihm tributpflichtig. So wird Israel reich. Dies zeigt man in großen Bauten, Palästen und Städten. Auch der Tempel entsteht in dieser Zeit. In wenigen Jahrzehnten ist aus einem kleinen Stämmeverband, der seine eigenen Wohnsitze mühsam verteidigen mußte, ein Großreich geworden. Ein Hochgefühl breitet sich aus, Freude über die eigene Leistung.

Auch Gott will man nicht vergessen, der Tempelbau zeigt, daß man ihm die Ehre gibt. Doch es lauert die Gefahr, daß man in prächtigen Kultfesten Gott preist, ihn aber im Alltag, in Politik und Wirtschaft ausschaltet. Denn dort gibt es nun wieder Bedrückung. Bedrückung der eroberten Völkerschaften. Verknechtung aber auch des eigenen Volkes: Der Glanz des Königtums, die kostbaren Bauten bedeuten für das Volk des Landes schwere Arbeit, unfreiwillige Arbeit, Frondienst (1. Sam. 8,11 ff.; 1. Kön. 12). Man lernt, was Knechtschaft heißt, man kennt die Angst.

In diese Zeit hinein redet unser Text, diese Hörer sucht er, um sie auf den Weg des Glaubens mitzunehmen.

Lädt er nicht die, die stolz sind auf ihre Leistungen, die sie für das Gottesvolk vollbracht haben, ein, innezuhalten und zu sehen, was Jahwe getan hat? Ihnen wird gezeigt, daß sie ihr Leben in Freiheit Jahwe verdanken. Denn Jahwe war es, der aus der Knechtschaft geführt und Freiheit ermöglicht hat. Ihr verdankt euch Gott! – so ruft der Text dem Gottesvolk zu. Und er redet davon, daß erst die ständige Gegenwart Jahwes – bei Tag und bei Nacht – die eigene Aktivität (im Text das Wandern) ermöglicht.

Zugleich müssen sich die Mächtigen vor die warnende Frage stellen lassen: Wer kommt zum Ziel, Jahwe oder der, der sich der Freiheit, die Gott dem Elenden gewährt, entgegenstellt?

Die unter der Fron Stöhnenden werden auf dem Weg des bedrängten Volkes mitgenommen. Sie lernen sich sehen als einen armen und verängsteten Haufen, dem auf dem direkten Weg in die Freiheit die eigene Angst im Wege steht. Sie hören, daß Gott gerade sie führen und Furcht in Gottesfurcht verwandeln will. Sie werden eingeladen, Gottes Verheißungen anzunehmen, zu bekennen angesichts der Gefahren, denen ihr Glaube ausgesetzt ist.

Je nachdem, ob sich der Leser in der Gestalt des zur Furcht Treibenden oder des sich Fürchtenden wiederfindet: Der Text stellt das Gottesvolk von der Verheißung, vom Bekenntnis zu Gottes wunderbarer Rettungstat her in Frage oder gewährt Zuspruch.

Das Gottesvolk! Wir dürfen nicht übersehen, daß denen erzählt wird, die zum Gottesvolk gehören. Sie sind gemeint!

Text A wird einem Erzählwerk zugerechnet, das aus der ersten Königszeit Israels stammt, aus der Blütezeit des Gottesvolkes. Es begegnen Motive aus der damals gängigen Überlieferung vom Heiligen Krieg. Der Erzähler bringt in die Erzählung die Glaubenserfahrungen seiner Zeit mit ein.

4.1.5. Anregungen zur Vergegenwärtigung

Die exegetischen Überlegungen haben gezeigt, wie der Text verstanden werden will: Das Bekenntnis zur großen Rettungstat Gottes wird in bestimmter geschichtlicher Stunde erzählend zur Sprache gebracht. Das Geschehen, von dem Israel seine Existenz herleitet, wird typisierend und weiträumig erzählt, um Situationen des alten Gottesvolkes wie in einem Spiegel einzufangen und zu beleuchten. Das aber heißt zunächst einmal, daß der Text – seinem Wesen nach – *seinen* Leser oder Hörer zur Meditation auffordert. Er will, einem Kunstwerk vergleichbar, den Betrachter in sich hineinholen, damit er seiner selbst bewußt werde.
Dies vorausgesetzt, können jedoch einige Anregungen gegeben werden, in welcher Richtung der kirchliche Mitarbeiter weiterdenken kann, wenn er in der Gemeindearbeit mit diesem Text umgehen will.

1. Auch wir bekennen uns zu Gottes rettendem Handeln: „Der mich verlorenen und verdammten Menschen erlöset hat." Dies Bekenntnis stellt uns hinein in den Zusammenhang mit dem alten Gottesvolk, das seine Existenz von einer Erlösungstat Gottes herleitete. So gilt die Erzählung auch uns. Darum sind wir aber auch aufgefordert, sie weiterzusagen. Und da stehen wir vor der Aufgabe, sie für unser Gegenüber umzusprechen, auf seinen Verstehenshorizont, seine Situation hin. Dieses Umsprechen kann nicht einmal und endgültig geschehen. Es will immer wieder neu vollzogen werden, ist von unserem Gegenüber abhängig. Allerdings auch davon, daß wir uns intensiv exegetisch und meditativ mit dem Text beschäftigt haben.

2. In unserer Zeit werden im Blick auf die Kirchengeschichte viele Fragen an die Kirche gestellt. Wir wissen längst, daß wir nicht alles, was im Namen Jesu Christi getan und gelehrt worden ist, verteidigen können. Aber woher nehmen wir den Maßstab, um Vergangenes und Gegenwärtiges zu beurteilen? Dieses erzählte Glaubensbekenntnis übt Kritik an dem Handeln des Gottesvolkes in seiner Geschichte, stellt es vom Glauben her in Frage. Wir sollten versuchen, Handlungsweisen unserer Kirchen vor den Spiegel dieses Textes zu stellen.

3. Auch die Konkretisierungen und Neuformulierungen unseres Glaubensbekenntnisses, die gegenwärtig versucht werden, können vom Text her einer Betrachtung unterzogen werden. Was ist das Ziel der Credoformulierung des Jahwisten? Was wollen wir mit unseren Neuformulierungen erreichen?

4. Und schließlich: Nach diesem Text bringt allein Gott dem Gottesvolk, der Gemeinde, Rettung oder Untergang. Wie tragen wir dem in unserm Verhalten Rechnung?

4.2. Zur Auslegung des Textes B

4.2.1. Zur Gestalt des Textes B

Da die Versangaben der Bibel den aus 2. Mose 13 und 14 herausgelösten Teil B nicht recht fassen, sei eine andere Einteilung als Arbeitshilfe vorangestellt. Sie versucht den Text sinngemäß zu gliedern.

Nr. 1 „Und sie brachen von Sukkoth auf und lagerten in Etham am Rande der Wüste.

Nr. 2 Und Jahwe redete mit Mose:

a) Rede zu den Israeliten, daß sie umkehren und sich vor Pi-hachiroth zwischen Migdol und dem Meer lagern, vor Baal-Zephon, ihm gegenüber sollt ihr euch lagern am Meer.

b) Dann wird Pharao von den Israeliten denken: Sie haben sich verirrt im Lande! Die Wüste hält sie umschlossen. Und ich werde das Herz des Pharao verhärten, und er wird ihnen nachjagen.

c) Dann werde ich mich am Pharao und seinem Heer verherrlichen, und die Ägypter werden erkennen, daß ich Jahwe bin.

Nr. 3a) Und sie taten so.

b) Und Jahwe verhärtete das Herz des Pharao, des Königs von Ägypten. Und er nahm mit sich sechshundert Elitewagen und die gesamte Wagentruppe Ägyptens mit drei Mann Besatzung auf jedem Wagen. Und er verfolgte die Israeliten, während die Israeliten unter einer erhobenen Hand auszogen. Und sie erreichten sie, als sie am Meer lagerten, alle Pferde des Pharao, seine Fahrer und sein Heer – bei Pi-hachiroth, vor Baal-Zephon.

Nr. 4 Da schrien die Israeliten zu Jahwe und sprachen zu Mose: Gab es denn keine Gräber in Ägypten, daß du uns zum Sterben in die Wüste gebracht hast?
Was hast du uns angetan damit, daß du uns aus Ägypten herausgeführt hast? Haben wir nicht schon in Ägypten zu dir gesagt: Laß uns doch Ägypten dienen, denn es ist besser Ägypten zu dienen, als in der Wüste zu sterben?

Nr. 5 Und Jahwe sprach zu Mose: Was schreist du zu mir?

a) Rede zu den Israeliten, daß sie aufbrechen.
Du aber erhebe deinen Stab und strecke deine Hand über das Meer und spalte es, damit die Israeliten mitten durch das Meer auf dem Trockenen ziehen können.

b) Und siehe, ich werde das Herz Ägyptens verhärten, daß sie ihnen nachziehen,

c) und ich werde mich am Pharao und seinem ganzen Heer, an seinen Wagen und Fahrern verherrlichen. Und die Ägypter werden erkennen, daß ich Jahwe bin, wenn ich mich verherrliche am Pharao, seinen Wagen und Fahrern.

Nr. 6a) Und Mose streckte seine Hand über das Meer, da wurde das Wasser gespalten. Und die Israeliten zogen mitten durch das Meer auf dem Trokkenen, während rechts und links von ihnen eine Mauer war.

b) Und die Ägypter jagten und zogen ihnen nach, alle Pferde des Pharao, seine Wagen und seine Fahrer mitten ins Meer.

Nr. 7 Und Jahwe sprach zu Mose:
Strecke deine Hand über das Meer, daß das Wasser zurückkehre über Ägypten, seine Wagen und Fahrer!

Nr. 8 Und Mose streckte seine Hand über das Meer. Und das Wasser kehrte zurück und bedeckte die Wagen und Fahrer, ja das ganze Heer des Pharao. Von denen, die hinter ihnen ins Meer gegangen waren, blieb kein einziger übrig, während die Israeliten auf dem Trockenen mitten durch das Meer gezogen waren und das Wasser rechts und links eine Mauer gewesen war.

Nr. 9 Und Israel sah die große Hand, die Jahwe an den Ägyptern getan hatte, und vertraute auf Jahwe und seinen Knecht Mose."

Die Einteilung dürfte deutlich machen, daß die Gliederung dieser Texteinheit ganz und gar von der Rede beherrscht wird. Eine kurze Aufstellung der einzelnen Abschnitte soll das unterstreichen:

Nr. 1 Einleitung
Nr. 2 Wort Jahwes
Nr. 3 Das Wort geschieht
Nr. 4 Antwort Israels
Nr. 5 Wort Jahwes
Nr. 6 Das Wort geschieht
Nr. 7 Wort Jahwes
Nr. 8 Das Wort geschieht
Nr. 9 Antwort Israels (indirekt)

Schon diese Übersicht zeigt, daß für den Erzähler das *Wort Jahwes* beherrschend im Vordergrund steht. Es begegnet nicht nur an erster Stelle: Alles geschieht auf das Wort Jahwes hin!
Man vergleiche doch einmal Nr. 2a mit 3a, 2b mit 3b und 5a mit 6a usw. An Israel ergehen Befehle, Israel gehorcht. Mose bekommt Anweisungen und vollzieht sie. Ja, auch das Tun der Ägypter wird auf das Jahwewort zurückgeführt, vgl. 2b mit 3b; 5b mit 6b! Vom Gesamtaufbau ergibt sich also das Verständnis der so lästigen Rede von der Verhärtung der Ägypter: Der Text will nicht eine allgemeingültige Lehre von der Vorherbestimmung (Prädestination) des Menschen heraufbeschwören; die Macht des Wortes Jahwes, auch über das Volk, das anderen Göttern dient, wird herausgestellt.
Zu beachten ist, daß das Wort Jahwes nicht direkt an Israel ergeht. Jahwe redet zu Mose (2a; 5a; 6a). Dieser bekommt den Auftrag, zu Israel zu reden (2a; 5a). Es wird nicht erzählt, daß er das dann auch tut, das muß erschlossen werden.
Gleiches gilt auch im Blick auf Nr. 4 und Nr. 5. Es heißt: „Da schrie das Volk zu Jahwe und sprach zu Mose." Die Rede richtet sich an Mose. In Nr. 5 steht: „Jahwe sprach zu Mose: Was schreist du zu mir?" Es geht weiter: „Rede zu den Israeliten." Mose – so wird vorausgesetzt – hat das Schreien des Volkes an Jahwe weitergegeben. Die Weitergabe wird nicht extra erzählt. Offensichtlich lag dem Erzähler daran, den Aufbau „Wort – Geschehen" nicht durch erzählerische Breite zu unterbrechen. Der Text ist ganz darauf konzentriert, das Geschehen des Gotteswortes zu bekunden.
Natürlich kann man sagen, daß der Erzähler das noch einfacher hätte haben können, wenn er die Mittlergestalt des Mose ausgeschaltet hätte. Daß er das nicht tat, zeigt, wie sehr ihm daran lag zu sagen, daß Jahwes Wort, *das durch den Boten ergeht*, sich als wirksam erweist, auch über die Feinde.

Die Motive des Textes A zeigten, daß die Überlieferung vom Heiligen Krieg die Erzählung geformt hat. Der streng nach Wort und Geschehen aufgebaute Text B weist in einen anderen Bereich: Die Erfahrungen, die Israel mit den Propheten gemacht hat, werden sichtbar. Wohl bildet auch bei Text A ein Wort die Mitte der Erzählung, diese aber beherrscht es von Anfang an. So wird zum Ausdruck gebracht, daß Israel sich schon immer zu dem Wort Jahwes bekennt, das durch den Boten ergeht und sich im Geschehen als wirksam erweist.

> Schon allein der Aufbau eines Textes macht eine entscheidende Aussage:
> Text B ist geformt nach dem Schema:
> Wort Jahwes an den Boten –
> Verwirklichung –
> Antwort Israels.
> Israel bekennt sich zu Jahwe, der an seinem Volk durch das Wort des Boten, des Propheten, handelt.

In 2c und 5c wird das Ziel des göttlichen Wortes genannt: Jahwe will sich an den Ägyptern verherrlichen; die Ägypter sollen erkennen, daß „ich Jahwe bin". In 3 und 6 fehlt eine direkte Entsprechung zu 2c und 5c. Begegnet diese in 7 und 8? Verherrlicht sich Jahwe an den Ägyptern, indem er sie untergehen läßt? Sollen sie ihn im Untergang erkennen? Was nützt ihnen da noch die Gotteserkenntnis?
Um herauszubekommen, wie der Erzähler diese Zielangabe meint, sind wir nicht nur auf diesen Text angewiesen. Er nimmt Formulierungen auf, die im Alten Testament häufig begegnen. Wir können andere Texte zur Erhellung heranziehen. Bei genauem Hinhören können wir Hinweise finden, welche Bedeutung die jeweilige Formel im anderen Zusammenhang hat. Man kann dann versuchen, diese zu übertragen.

4.2.2. Erklärungen einzelner Formulierungen

Die Wendung „Der oder der soll erkennen, daß ich Jahwe bin" hat ihre Wurzel in den Überlieferungen vom Heiligen Krieg (vgl. oben S. 64).[19] Versuchen wir, sie anhand einer dieser Überlieferungen zu verstehen. In 1. Kön. 20 wird erzählt:

Benhadad, der König von Syrien, belagert Samaria, die Hauptstadt des Nordreiches (Israel). Er verlangt von Ahab, dem König Israels, er solle ihm außer Silber und Gold auch alle Frauen und Kinder geben. Als Ahab dieses ablehnt, gibt Benhadad den Befehl zum Angriff. Nun ist von einem Propheten die Rede, der zu König Ahab tritt und sagt: „So spricht Jahwe: Hast du diese ganze gewaltige Menge gesehen? Wohlan, ich gebe sie heute in deine Hand, damit du erkennst, daß ich Jahwe bin." Anschließend wird die Niederlage der Syrer erzählt. Benhadad entkommt mit knapper Not.
Die Syrer wollen allerdings nicht aufgeben. Die Diener Benhadads sagen zu ihm: „Ihr (Israels) Gott ist ein Gott der Berge, darum haben sie uns überwunden. Wenn wir aber in der Ebene mit ihnen kämpfen könnten, gewiß würden wir sie überwinden." Nach einem Jahr suchen sie darum den Kampf in der Ebene. Wieder tritt der Prophet zu Ahab. Er spricht: „So spricht Jahwe: Weil die Syrer gesagt haben, der Gott Israels ist ein Gott der Berge und nicht ein Gott der Talgründe, so will ich diese ganze gewaltige Menge in deine Hand geben, damit ihr erkennt, daß ich Jahwe bin."
Beide Prophetenworte schließen mit dem Satz: „Damit ihr erkennt, daß ich Jahwe bin." Vom Zusammenhang her dürfte deutlich sein, daß nicht ein rein intellektuelles Erkennen gemeint sein kann. Vielmehr wird das Erfahren der Macht Jahwes mitten in der geschichtlichen Auseinandersetzung angesagt. Israel erkennt – erfährt – Jahwe durch das

Wort des Boten, das auf ein *Handeln* Jahwes hinweist, und daran, daß dieses Handeln Jahwes sich *ereignet.* Der zweite Teil der Erzählung macht noch besonders deutlich, daß Jahwe auf den Bergen und in den Tälern – überall! – Macht hat. Jahwe erweist sich handelnd als der Mächtige!

Die andere Aussage, Jahwe will sich verherrlichen, kann mit Hilfe von 3. Mose 10,1–3 verständlich werden, zumal diese Verse dem gleichen Erzählwerk wie Text 6 angehören. Zwei Söhne Aarons – so lesen wir – bringen unerlaubte Opfer dar. „Da ging Feuer von Jahwe aus und verzehrte sie." Im Text wird dieses Geschehen von Mose gedeutet:

> „Das ist es, was Jahwe gemeint hat, als er sprach:
> Die mir nahe sind, an ihnen erweise ich mich heilig, und vor allem Volk verherrliche ich mich."

Jahwe verherrlicht sich also durch die Vernichtung derer, die ihm nicht gehorcht haben. Er bringt in einem Geschehen seinen *Herrschaftsanspruch* zur Geltung. Denn es ist der Anspruch des Herrschers, Gehorsam zu fordern und Ungehorsam zu ahnden.
Im Blick auf Text B hieße das: Gott will in einem Geschehen den Ägyptern gegenüber seinen Herrschaftsanspruch zur Geltung bringen.
Von einem Geschehen aber ist in Nr. 7 und Nr. 8 die Rede!
Allerdings könnte man meinen, daß auch schon in 2b und 3b bzw. 5b und 6b der Herrschaftsanspruch Jahwes herausgestellt wird: Die Ägypter tun – wenn auch unbewußt – das, was Jahwe will; sie müssen sich seinem Wort, das an den Boten ergeht, beugen. Dies Verständnis des Wortes „verhärten" legte sich schon vom Aufbau des Textes her nahe. Es wird hier bestätigt.
Das in 2c und 3c genannte Ziel des Tuns Jahwes könnte also folgendermaßen umschrieben werden:
Jahwe will den Ägyptern gegenüber seine Macht und seinen Herrschaftsanspruch zur Geltung bringen!

Im Text finden sich uns nicht recht verständliche Redewendungen, ihre Bedeutung kann durch andere Texte erhellt werden.

Doch achten wir genau auf den Zusammenhang der Redewendungen in unserm Text: Das Wort ergeht an Israel! Am Schluß heißt es „und Israel sah die große Hand Jahwes"! Von den Ägyptern ist nicht mehr die Rede. Geht es also in dem Geschehen doch nicht um Ägypten, sondern um Israel?

Dafür könnte sprechen, daß Nr. 4 und Nr. 9 Reaktionen Israels nennen. Israel klagt Jahwe an. Israel vertraut. Sollte es das Ziel des Textes sein, Israel von der Anklage zum Vertrauen zu führen?
Halten wir uns noch einmal vor Augen, was wir in 3.2. (S. 59) feststellten: In 2. Mose 13 und 14 wird in zwei Variationen das Glaubensbekenntnis Israels erzählend zur Sprache gebracht. Das heißt doch: Der Text gilt Israel! Wenn nun gesagt wird, daß es Jahwes Ziel ist, seine Macht und seinen Herrschaftsanspruch über Ägypten durch eine Tat zu erweisen, dann wird das um Israels willen erzählt! Israel soll hören, daß der Feind der Macht und dem Anspruch Jahwes unterliegt. Darum ergeht das Wort des Boten auch an Israel, nicht aber an die Ägypter. Doch muß Israel erst gesagt werden, daß Jahwe Herr ist? Weiß es das nicht, so wahr es das Gottesvolk ist?
Wir bedachten in 4.1.4. (S. 65), daß die jahwistische Erzählung des Glaubensbekenntnis-

ses keinem geschichtslosen Israel, keiner „Idee Gottesvolk“ gilt. Auch Text B spricht das Volk in einer bestimmten geschichtlichen Situation an. Ehe wir weiter nach dem Text fragen, wollen wir versuchen, die Situation der Leser zu erfassen. Dazu müssen wir diesmal allerdings weiter ausholen.

4.2.3. Der Leser und Hörer

Das davidische Großreich dauerte nur zwei Generationen, dann zersplitterte es sich wieder. Ein Nordreich Israel und ein Südreich Juda entstanden (1. Kön. 12). Diese beiden Staaten konnten ihre Selbständigkeit nicht lange wahren, dazu waren sie zu klein – auf dem gefährlichen Platz zwischen Ägypten und Mesopotamien. So wurden sie Vasallenstaaten der Großmächte, je nachdem, welche gerade vorherrschte, Ägypten, Assur, Babylon. Israel und Juda versuchten aber immer erneut, die Oberherrschaft der jeweiligen Macht abzuschütteln, indem sie sich mit einer anderen verbanden. Das führte schließlich dazu, daß sie ihre staatliche Eigenständigkeit völlig verloren. Das Nordreich wurde 722/21 v. Chr. assyrische Provinz; knapp 125 Jahre später wurde Jerusalem mit Tempel und Königsburg zerstört (582 v. Chr.). Der babylonische König Nebukadnezar führte die nach einer sogenannten ersten Wegführung (597/596 v. Chr.) im Lande verbliebene Oberschicht nach Babylon fort.
Was es für die Judäer bedeutete, fern dem Heiligen Land, dem Land Jahwes zu leben, macht Psalm 137,1–6 deutlich:

„An den Wassern zu Babel saßen wir und weinten,
wenn wir an Zion gedachten.
Unsere Harfen hängten wir
an die Weiden dort im Lande.
Denn die uns gefangen hielten,
hießen uns dort singen
und in unserm Heulen fröhlich sein:
‚Singet uns ein Lied von Zion!‘

Wie könnten wir des Herrn Lied singen in fremdem Lande?

Vergesse ich dich, Jerusalem,
so verdorre meine Rechte.
Meine Zunge soll an meinem Gaumen kleben,
wenn ich deiner nicht gedenke,
wenn ich nicht lasse Jerusalem
meine höchste Freude sein.“

Auf fremder Erde kann Israel Jahwe keine Lobgesänge darbringen! Da kann das Gottesvolk nur klagend und weinend an den Zion, an den Tempel in Jerusalem, denken. Man ist ja in einem unreinen Land, in dem andere Götter verehrt werden.
In Babylon z. B. wird Marduk als Gott und Herrscher gepriesen. Von ihm wird gesagt, daß er viele, ja alle Götter regiert. Er hat den Herrscherstab in der Hand. Man gab ihm diesen, da er es war, der das gefährliche Urmeer gespalten und so Leben ermöglicht hat. Sein Wort – so heißt es – ist mächtig! Und bewies er nicht diese seine Macht, als sein Knecht, Nebukadnezar, Juda besiegte, den Tempel Jahwes zerstörte?
War es im fremden Land nicht besser, sich an den dort herrschenden Gott zu halten, statt auf die Worte der Boten Jahwes zu hören? Hatte sich dieser nicht als ohnmächtig erwie-

sen? Der Anschluß an den Mardukkult würde auch persönliche Vorteile bringen. Man würde sich den Babyloniern angleichen, hätte Aussichten, seinen Fähigkeiten entsprechende Aufgaben zu übernehmen, statt die einfachen Arbeiten der „Halbfreien" zu verrichten, zu denen man jetzt gezwungen war. Von Haus aus war man die geringe Arbeit nicht gewohnt!

Noch einmal: Es handelte sich bei den judäischen Exulanten um die Oberschicht, die Kaufleute, Künstler, Wissenschaftler, Priester und Beamte, die bis dahin Regierungsgeschäfte wahrgenommen hatten. Daß ein Teil von ihnen sich anglich, geht aus späteren außerbiblischen Namenslisten hervor. Allerdings nur ein geringer Teil. Die größere Zahl hielt Jahwe die Treue, vielfach nicht ohne zu resignieren. Wo sollte auch Rettung herkommen? War die Lage nicht aussichtslos? An eine Heimkehr war nach menschlichem Ermessen nicht zu denken – abgesehen davon, daß die Nachrichten aus der Heimat die Mutlosigkeit nur erhöhen konnten.

So stellte sich für alle fast täglich die Gottesfrage: Jahwe oder Marduk? Sie war verbunden mit der nach dem eigenen Beruf und dem der Kinder, nach der Einstellung zur Arbeit und dem Lebensstandard, aber auch mit der nach der Möglichkeit kultischer Betätigung (vgl. Ps. 137). Sicher, Propheten waren da, aber ihre Worte erschienen mitunter als unannehmbar. Der Prophet Jeremia hatte einen Brief gesandt, in dem es hieß, man solle Häuser bauen, Kinder zeugen, das Wohl des Landes suchen (Jer. 29). Hieß das nicht, daß es noch lange keine Rückkehr geben würde? Konnte man dieses Wort als Gotteswort annehmen?

Wider alles Erwarten hat es eine Rückkehr gegeben. Der Perserkönig Cyrus besiegte 539 das babylonische Reich und übernahm die Herrschaft. Die Perser vertraten den besiegten Völkern gegenüber eine andere Politik als die Babylonier. Sie erhofften Ruhe und Frieden durch Toleranz. Darum förderten sie das wirtschaftliche, kulturelle und besonders das kultische Eigenleben ihrer Untertanen. Kulte, die die Babylonier zerstört hatten, stellten sie wieder her.

In diesem Zusammenhang muß auch der in Esra 6,3–6 überlieferte Cyruserlaß gesehen werden:

> „Im ersten Jahre des Königs Cyrus befahl König Cyrus, das Gotteshaus zu Jerusalem betreffend:
> Das Haus soll gebaut werden an der Stätte, wo man Schlachtopfer opfert und Feueropfer darbringt; ... und die Kosten sollen aus der königlichen Kasse bezahlt werden. Auch sollen die goldenen und silbernen Geräte des Gotteshauses ... zurückgegeben werden, und es soll alles wieder in den Tempel zu Jerusalem an seinen Ort kommen; du sollst es im Gotteshaus niederlegen."

Dieser Erlaß klang gewiß in den Ohren der Exulanten wie ein Wunder! Die Verwirklichung jedoch war hart. Denn daß der Wiederaufbau mit unsäglichen Mühen, mit Rückschlägen und Resignation verbunden war, macht Psalm 85,1–8 deutlich:

> „Du hast, o Herr, dein Land begnadet,
> hast Jakobs Geschicke gewendet.
> Du hast deinem Volk die Schuld vergeben,
> hast all ihre Sünden bedeckt.
> Du hast hinweggenommen all ihren Grimm,
> hast abgewendet die Glut deines Zorns.

Stelle uns wieder her, Gott unseres Heils,
laß ab von deinem Unmut gegen uns.
Willst du denn ewig über uns zürnen,
deinen Zorn erstrecken von Geschlecht zu Geschlecht?
Willst du uns nicht wieder beleben,
daß sich dein Volk deiner freue?
Laß uns schauen, o Herr, deine Güte
und schenke uns dein Heil."

Die Eigentümlichkeit dieses Liedes liegt doch darin, daß im ersten Abschnitt auf ergangenes Heil zurückgeblickt wird: Jahwe hat das Land begnadet, Jakobs Geschick gewendet. Im nächsten hingegen begegnet ein inständiges Gebet, daß Jahwe von seinem Zorn ablassen, daß er das Land wiederherstellen wolle. Man ist zurückgekehrt und hat die Rückkehr aus dem Exil als die gnädige Zuwendung Jahwes erfahren. Aber noch mündet das Lob hierüber ein in die flehentliche Bitte, daß Gott von seinem Zorn ablasse, aus bitterer Not, aus Resignation und Verzweiflung heraushelfe.
So stellt sich für Israel, zurückgekehrt, aber mit bedrückenden Erfahrungen sowohl der Gegenwart als auch der Vergangenheit belastet, noch immer die Frage:

Ist das Wort Jahwes wirkungsmächtiges Wort?
Können wir uns auf seine Boten verlassen?

In die Zeit des Exils oder der ersten Nachexilszeit wird das Erzählwerk datiert, dem Text B fast allgemein zugewiesen wird. Man nennt es die „Priesterschrift", da es dem Stil nach in Priesterkreisen entstanden sein muß.
Der Leser des Textes B gehört also, im Gegensatz zu dem des Textes A, einer Generation an, die vieles erlitten hat und noch erleiden muß: Krieg und Exil oder Exil und Rückführung, mühsamen, schier ausweglosen Wiederaufbau. Sie stehen noch oder immer neu vor der Frage:

Hat Jahwe Macht?
Kann man ihm und dem Wort seiner Boten vertrauen?

Text B wird dem priesterschriftlichen Erzählwerk zugerechnet und damit einer Notzeit, in der Israel vor der Frage steht: Hat Jahwe Macht? Kann man ihm und dem Wort seiner Boten trauen?

4.2.4. Der Text und sein Hörer

Schon allein die Form des Textes stellt heraus, daß das Wort Jahwes, das durch den Boten ergeht, mächtig ist. Aber wohin führt dieses Wort?
Im Text wird erzählt, daß das Volk in einer militärisch riskanten Lage einen Platz beziehen soll, der einer Sackgasse gleichkommt (Nr. 2a). Ein zweites tritt hinzu: Jahwes Wort – das wird deutlich – hat Macht auch über das Herz eines heidnischen Königs. Aber er verstockt es, so daß dieser Israel nachjagt, Israel einholt, als es nicht ausweichen kann. Jahwes Wort hat also Israel in die ausweglose Lage hineingeführt?
Sicher, mit diesem bedrängenden Wort gibt Jahwe zugleich ein Ziel an, das Israel Zukunft verheißt: Er wird seine Macht und seinen Herrschaftsanspruch gegen die Bedränger durchsetzen. Aber kann Israel in einer so ausweglosen Situation dieses Wort als Heilszusage annehmen? Ist das nicht Illusion? Sprechen nicht alle Tatsachen dagegen?

Dem Text nach antwortet Israel mit einer Anklage. Wohl wendet es sich – durch den Boten – noch an Jahwe, aber es schiebt ihm und seinem Knecht die Schuld zu für das Elend, das Ausweglose.
Ein neues Wort Jahwes ergeht. Er redet noch zu dem anklagenden Volk. Er wendet sich nicht ab von ihnen. Aber macht das die Situation leichter?
Es heißt, Israel soll aufbrechen. Mitten in das Meer hinein. Sicher, Jahwe ist Herr über die Gewalten! Auf sein Wort hin erhebt Mose den Herrscherstab – er, nicht Marduk, hält ihn in der Hand! – und spaltet das Meer. Und doch: Israel muß ja mitten durch dieses Meer hindurchziehen, eingekeilt von riesigen, unheimlich gefährlichen Wassermauern. Zurück kann es nicht. Das feindliche Heer, die sie bedrängende Macht, geht mit.
Vergleichen wir diesen Abschnitt mit dem entsprechenden in der älteren jahwistischen Erzählung: Dort hieß es, daß Israel eingehüllt wird von der schützenden Wolke. Es braucht nichts anderes zu tun, als stille zu sein und zu warten. Gewiß, auch das fordert Vertrauen. Aber nach Text B soll es im Vertrauen darauf, daß Jahwe der ist, der das Meer spaltet, und im Hören auf eine etwas unbestimmte Verheißung aufbrechen, einer Gefahr entgegen!
Im priesterschriftlichen Text tritt das Wunder noch stärker heraus als beim Jahwisten. Dazu gehört, daß sich auch die Notsituation gesteigert hat! Daß hier so erzählt wird, ist verständlich, wenn wir versuchen, uns in die Lage der Hörer hineinzuversetzen. Sie sollen im Vertrauen auf das Wort, das durch den Propheten ergeht, in schwerer Bedrängnis durchhalten.
Eine Antwort des Volkes findet sich zwischen Nr. 6 und Nr. 7 nicht. Hätte sie anders ausfallen können als die schon gegebene? Die Spannung ist bis zum Äußersten gestiegen. Der Hörer hält den Atem an. Wohl kennt er den Schluß der alten Geschichte. Aber wie wird hier weitererzählt werden?
Der Bote Jahwes spaltet nicht nur das Meer, er bringt es auch zurück. Die Feinde des Gottesvolkes versinken in der Flut. Ein Happy-End?
Das Geschehen an Israel und an Ägypten wird in einem Nachsatz zusammengezogen: Was den einen zur Rettung gereichte – das Wasser, das rechts und links wie eine Mauer gewesen war –, führte die anderen ins Verderben. In diesem Nachsatz ist noch ein Grauen da. Jahwe ist der Herr – ja! Aber auch das Volk bekommt sein Herrsein gefährlich zu spüren!
Die indirekte Antwort Israels in der Schlußbemerkung ist kurz, aber enthält gerade so viel. Es ging im Exil und danach um die Frage: Jahwe oder die heidnische Gottheit und ihr Knecht, der heidnische König? Nun heißt es: Sie vertrauten Jahwe und seinem Knecht Mose! Das wird begründet: „Da Israel die gewaltige Hand Jahwes sah." Durch das Wort des Boten haben sie Jahwe in der erhobenen Hand seines Knechtes Mose erfahren.

4.2.5. Zusammenfassung

Das Glaubensbekenntnis Israels wird zur Sprache gebracht in einer für Israel unauslotbar schweren Situation: Die Israeliten haben ihre völkische Existenz verloren; sie sind einem fremden Herrscher und damit – die Folgerung liegt nahe – fremden Göttern unterworfen. Wohl gibt es Propheten Jahwes in ihrer Mitte, auch Priester. Aber ihre Weisungen sind schwer zu ertragen und führen nicht sichtbar heraus aus dem Elend. Den Geängsteten wird die alte Geschichte neu vor Augen gemalt, sie nimmt sie mit auf einen gefährlichen Weg!
Wohl ist von Anfang an deutlich, daß Jahwe Macht hat, das Wort seines Boten ist wir-

kungsmächtiges Wort. Das wird sogar mit Bildern, die der heidnischen Umwelt entlehnt sind, ausgemalt. Aber bei alledem müssen sich die Hörer sagen lassen, daß Nöte nicht schnell und schmerzlos beiseite treten, wenn Jahwes Wort ergeht. Sie werden in die *Zumutung des Glaubens* hineingeholt, in Not und Elend Jahwe am Werk zu sehen. Diesem Gott zu vertrauen, von ihm Rettung zu erwarten, sein Wort aus dem Munde der Propheten anzunehmen, auch dann, wenn es zunächst noch schwerere Wege eröffnet.
Der Text enthält ein Gebet des Volkes, das Anklage enthält, nichts als Anklage. Jahwe läßt das anklagende Volk nicht los. Er führt es aus der Anklage heraus, hin zum Vertrauen, wenn sein Weg auch weit und nur im Wort und im Handeln des Boten als Heilsweg zu erkennen ist.

> Das Wissen um die zeitliche Ansetzung der Texte hilft zu ihrem Verständnis; man kann erkennen, daß der Text die geschichtlichen Herausforderungen seiner Zeit aufnimmt, um zu antworten.

4.2.6. Anregungen zur Vergegenwärtigung

Text B könnte die Überschrift tragen „Zumutung des Glaubens". Damit ist gewiß nicht gemeint, daß uns zugemutet wird, an wunderhafte Farben und Bilder zu glauben. Die Zumutung ist eine andere, schwerere. Sie ist nicht in einem Satz zu fassen. Sie tritt heraus, wenn wir versuchen, auch die Bilder dieses Textes B meditativ vor uns hinzustellen, auch ihn einem Gegenüber zuzusprechen.
Und da ergeben sich gerade von den zu diesem Text gemachten Überlegungen her unter anderem folgende Themenkreise:

1. Wie können wir begründen, daß ein biblischer Text nicht nur rezitiert, sondern neu formuliert werden will?

2. Auch in unserer Zeit tritt immer wieder die Frage nach Gott in den Mittelpunkt des theologischen Gesprächs. Inwiefern kann die Fragestellung, die diesen Text ausgelöst hat, als Symbol für neue Fragestellungen gelten? Was ergibt sich für unsere Situation, wenn wir die Antwort des Textes als uns gegeben annehmen? Wie können wir Fragestellung und Antwort formulieren, um uns auch anderen verständlich zu machen?

3. Wir können die priesterschriftliche Neufassung des Glaubensbekenntnisses mit der ersten These der Barmer Erklärung von 1935 vergleichen.[20] Welche Parallele ergibt sich? Welche Schwierigkeit zeigt sich beim Vergleich der Situationen?

4. Wird Glaubensbekenntnis neu formuliert primär in missionarischer Absicht oder zur Standortfindung des Gottesvolkes? Unter welchen Umständen kann heute der eine oder der andere Akzent wichtig sein?

5. DER BIBLISCHE TEXT

Der Leser wird nun mit Recht fragen:
- Warum sind in der Bibel die beiden Erzählungen ineinandergeschoben worden? Hätte man sie nicht nebeneinander stehenlassen können?

– Oder wäre es nicht besser gewesen, wenn nur eine, diese aber klar und verständlich, überliefert worden wäre? Sicher, so wird er einräumen, es wäre schade, wenn einer der Texte unter den Tisch gefallen wäre!
– Aber kann der Text, so, wie er in der Bibel steht, eine wesentliche Aussage machen?
Ganz exakt können wir die beiden ersten Fragen nicht beantworten, können wir doch mit den Redaktoren, die die Erzählungen zusammenfügten, keine Rücksprache mehr nehmen. Und doch gibt uns die Kenntnis alttestamentlicher Texte und ihrer Überlieferung Beobachtungen an die Hand, die eine Richtung weisen, in der die Antworten liegen könnten.

5.1. Die Geschichtsbezogenheit der Glaubenstraditionen

In 3.2. wurde auf das alte Glaubensbekenntnis Israels hingewiesen (5. Mose 26,4–10). Halten wir es uns noch einmal vor Augen: In ihm ist die Rede von dem Vater, der nach Ägypten kam, von der Sklaverei in Ägypten und der Herausführung und von der Gabe des Landes. Israel redet also in seinem Bekenntnis von den geschichtlichen Situationen der Väter des Gottesvolkes. Das Glaubensbekenntnis Israels ist also geschichtsbezogen. Darum spricht man auch von dem *„Kleinen Geschichtlichen Credo"* („credo" heißt „ich glaube"; darum nennt man ein Glaubensbekenntnis „Credo").
Diese Geschichtsbezogenheit des Jahweglaubens gilt für die weitesten Teile des Alten Testaments, sie ist wesenhaft für das Glaubenszeugnis des Gottesvolkes.
Das machen unter anderen auch die ersten sechs Bücher der Bibel deutlich. In den fünf Mosebüchern und dem Josuabuch wird die Geschichte, von der das alte Credo zu sagen weiß, in erweiterter Form dargeboten. Das Credo bildet sozusagen das Gerüst für den umfangreichen Stoff dieser Bücher.
Beginnen wir mit dem Josuabuch. In ihm geht es um die Landnahme, um die Gabe des verheißenen Landes, von der am Schluß des Bekenntnisses die Rede ist. Die Verheißung dieses Landes aber steht am Anfang der Geschichten, die von dem „Vater" bzw. den „Vätern" handeln (1. Mose 12,1–3). Dazwischen wird der weite Weg gezeichnet, den die Väter des Volkes von der Verheißung über die Knechtschaft in Ägypten bis hin zur Erfüllung gehen mußten. Breit wird ausgeführt, wovon im Bekenntnis nur kurz die Rede ist. Es wird bei aller Breite Geschichte dargestellt, die von Anfang an auf ein Ziel – die Landnahme – zuläuft.
Die sogenannte Urgeschichte, 1. Mose 1–11, die von der Entstehung der Welt und den Anfängen der Menschheit zu reden weiß, ist in dieses geschichtliche Denken mit einbezogen worden. Das wird deutlich, wenn man den Schluß der Urgeschichte betrachtet: In Kap. 11 wird in einer sehr alten Überlieferung erzählt, daß sich die Menschen selber einen Namen machen wollen. Das Ergebnis ist das Gericht Gottes, das über sie ergeht: Sie können sich nicht mehr verständigen, werden zerstreut, Unfriede herrscht. Auf diesem Hintergrund will 12,1–3 gesehen werden: Jahwe will Abraham einen Namen machen. Er soll zum Segen werden eben für diese friedlosen Völker. Die mit ihm beginnende Geschichte des Gottesvolkes wird also durch 1. Mose 1–12 als die Geschichte Gottes für die ganze Welt und alle Völker dargestellt. Sie hat in der Schöpfung ihren Anfang.
Dieses Geschichtsbuch – 1. Mose bis Josua – ist nun aus mehreren Erzählwerken zusammengewachsen; zwei von ihnen lernten wir in 4.1.4. und 4.2.3. schon kennen, das jahwistische und das priesterschriftliche. Die Erzählwerke hatten alte und uralte Überlieferungen des Volkes aufgegriffen, die lange Zeit hindurch mündlich weitergegeben worden waren. Sie hatten sie im Sinne des Glaubensbekenntnisses einander geschichtlich zugeordnet. Mit

der Zeit wuchsen diese zunächst nebeneinander stehenden, aus verschiedenen Jahrhunderten stammenden Geschichtsbücher zu einem großen Geschichtsbuch zusammen. Das ist nicht verwunderlich. In christlicher Zeit hat man immer wieder einmal Versuche unternommen, aus den vier Evangelien eine Evangelienharmonie herzustellen; man beachte nur die harmonisierte Leidensgeschichte im Anhang vieler Gesangbücher.

Es läßt sich erkennen, daß durch das Zusammenwachsen der alten Erzählwerke mitunter eine Geschichte mehrfach erscheint. Der Redaktor fand sie in den verschiedenen Erzählwerken vor und behielt die unterschiedlichen Fassungen bei. Gut zu sehen ist das bei einem Vergleich von 1. Mose 12,10–20 mit 20,1–20 und 26,7–23. Immer geht es um das gleiche Thema: Der Ahnherr fühlt sich um seiner Frau willen im fremden Land bedroht, er gibt sie als seine Schwester aus. Der heidnische König holt sie zu sich, doch die Sache kommt heraus, er gibt sie zurück. Innerhalb des Grundbestandes der Erzählung tauchen dann allerdings Varianten auf, was nicht zuletzt damit zusammenhängt, daß jede ihre eigene Aussage machen will. Vor allem wechseln die Namen der beteiligten Personen. Darum konnten die Erzählungen im Nacheinander erzählt werden. Sie haben sich in das geschichtlich orientierte Grundschema einordnen lassen.

Ein anderes Beispiel: Die Frage, warum Jakob von daheim fortzieht, wird in 1. Mose 27,1–45 anders begründet als in 27,46 – 28,9. Beide Begründungen werden von der Redaktion nebeneinandergestellt. Das stört nicht unbedingt, sie lassen sich hintereinander lesen. So bekommt die zweite allerdings einen anderen Sinn als den wohl ursprünglich gemeinten.

Sogar die Schöpfung wird zweimal überliefert! 1. Mose 1,1 – 2,4a bringt eine andere Darstellung als 1. Mose 2,4b ff. Das zeigen schon allein die Unterschiede in der Vorstellung von der Erschaffung des Menschen. In 1. Mose 1,27 heißt es: „Und Gott schuf den Menschen . . ., als Mann und Weib schuf er sie.“ In Kap. 2 dagegen wird umständlich erzählt, daß Gott zuerst den Mann aus Erde formt, später – nachdem die Tiere geschaffen sind – die Frau aus der Rippe des Mannes. Oder man sehe sich einmal die Reihenfolge der Schöpfungswerke an, sie stimmt nicht überein! Zwei ursprünglich selbständige Darstellungen stehen jetzt hintereinander. Wenn wir sie in der uns gewohnten Weise nacheinander lesen, kann allerdings der Eindruck einer Fortsetzung entstehen: Kap. 2 tritt in den Zusammenhang zu Kap. 3 und wird nunmehr zum Anfang der Sündenfallgeschichte. Das Nebeneinander der Texte ist also im „Geschichtsbuch“ möglich.

Es gibt aber Überlieferungen, die sich dagegen sträuben, zweimal dargeboten zu werden, so die Sintflutgeschichte (1. Mose 6,5 – 9,17) und das Meerwunder.
In der Sintflutgeschichte heißt es am Schluß: „Ich (Jahwe) will hinfort nicht mehr die Erde verfluchen um des Menschen willen . . .“ und „Solange die Erde steht, soll nicht aufhören Saat und Ernte . . .“ (8,21 und 22). Wir können diese Schlußworte den beiden Erzählungen zuweisen, die in diesen Kapiteln eine entsprechende Einheit bilden wie die vom Meerwunder in 2. Mose 13 und 14.[21] Diese Schlußworte aber verbieten es, daß die Überlieferung von der großen Flut zweimal erzählt wird: Wenn Gott sagt, es soll nicht noch einmal geschehen, kann es nicht noch einmal erzählt werden!
Unser Text nun wehrt sich vom Inhalt her gegen zwei Darstellungen. Die Tat Jahwes, zu der sich Israel in seinem Credo bekennt, hat – wir sahen es – geschichtlichen Charakter. Gott rettete die aus der Knechtschaft Fliehenden vor ganz konkreten Feinden. Wohl haben in der Überlieferung von diesem Geschehen viele spätere Erfahrungen, die Israel

mit seinem Gott machte, Platz gefunden. Aber als Grundlage der Existenz Israels ist es unwiederholbar, einmalig. Daß die ursprünglich getrennten Erzählungen in dem großen Geschichtsbuch als eine begegnen, dürfte darauf zurückzuführen sein.

5.2. Die Bewahrung der Glaubenstraditionen

Doch kommen wir zu der anderen Frage: Warum wird nicht einer der beiden Texte gestrichen?
Hier mag die Tatsache der alttestamentlichen Überlieferung als solche sprechen: Sie weist uns an zu sehen, daß es Israel um die Bewahrung der Glaubenstraditionen, auch der ältesten ging. Das Gottesvolk wußte offensichtlich, daß die alten Traditionen Glaubenserfahrungen enthielten, die bis in die spätere Zeit hinein ihre Gültigkeit behielten. Darum hat man nicht schnell einen Text fortfallen lassen – auch nicht um einer erzählerischen Klarheit willen. Das mag dazu geführt haben, daß beide Texte, wenn auch als einer, weitergegeben worden sind.

Das Festhalten Israels an dem grundlegenden Bekenntnis, daß Gott seinem Volk in der Geschichte begegnet ist, und die Treue zu den alten Überlieferungen mögen dazu geführt haben, daß beide Texte im Miteinander überliefert worden sind.

5.3. Zur Aussage des biblischen Textes

Die gemachten Überlegungen entheben uns nun allerdings nicht der Frage: Kann man den durch das Ineinanderschieben zweier Erzählungen entstandenen Bibeltext noch lesen und so verstehen, daß man sich von ihm in Anspruch genommen weiß? Kann uns der Text in seiner biblischen Gestalt noch etwas sagen?
Wir erkannten: Die Erzählung – so, wie sie jetzt vorliegt – nimmt einen Hörer nicht mehr so recht mit. Ihm werden immer wieder „Steine in den Weg gelegt“. Er stockt, er fragt zurück.
Zum Beispiel möchte er wissen: Wie leitet denn nun Gott sein Volk durch wüste, unwegsame Strecken? Durch sichtbare Zeichen oder durch das Wort des Boten? Vielleicht ist es beabsichtigt, daß der Leser diese Frage stellt? Wird er nicht – fragend gemacht durch die Unklarheit des Textes – genötigt, seine eigenen Erfahrungen zu überdenken? Und vielleicht ist in seinem Leben beides da, Wort und Zeichen?
Dann heißt es, daß die Israeliten stillehalten und zuschauen sollen, wie Jahwe sein Volk retten wird. Dagegen steht: Sie sollen es wagen, mitten in die Gefahr hineinzugehen. Wird der Leser nicht aufgefordert, seine eigene Situation am Text zu messen und sich ernsthaft der Frage zu stellen: Welches ist heute das Wort Gottes an mich? Er kann sich nicht einfach zurückziehen hinter die Aufforderung, stille zuzuschauen, aber auch nicht einfach losbrechen! Er kann nicht gedankenlos Glaubender sein! Er kann nicht ein biblisches Wort zum Fetisch machen, wird vielmehr aufgefordert, sich fragend an den lebendigen Gott zu wenden, der ihm antworten will.
Oder betrachten wir noch einmal die menschliche Seite, die durch das Ineinander der Erzählungen heraustritt: Einmal ist davon die Rede, daß sich die Israeliten sprachlos fürchten (Text A); daneben tritt die priesterschriftliche Überlieferung, die zu sagen weiß, daß sie schreien, Gott Vorwürfe machen. Sind uns nicht beide Verhaltensweisen vertraut,

stumm werden vor Angst, aber auch Geschrei, Klage, Anklage? Gott antwortet auf beides! Wir können niemanden verurteilen, weil er stumm ist oder weil er anklagt!
Und – so könnte man fortfahren – auch Not und Rettung werden unterschiedlich erfahren.

Das Ineinander der Texte macht die Vielschichtigkeit menschlichen Lebens und menschlichen Erfahrens, aber auch die Lebendigkeit, die Ungesetzlichkeit des göttlichen Wortes und des göttlichen Handelns offenbar. Gott läßt sich nicht in eine Textfassung – in ein Gesetz – bannen, er ist der lebendige Gott!

6. ÜBERSICHT ÜBER DIE EXEGETISCHEN ERKENNTNISSE

Abschließend soll wieder eine Übersicht über die exegetischen Erkenntnisse, die im Verlauf der Arbeit gewonnen wurden, gegeben werden. Die Überschriften der beiden Spalten zeigen, wie diese zueinandergehören. Wenn man sie einmal getrennt von oben nach unten liest, wird man erkennen, daß die „Folgerungen" verallgemeinern wollen. Man kann sie auch umgestalten zu Fragen, mit denen man an andere Bibeltexte herangehen kann. Insofern will die Tabelle zur Arbeit mit anderen Texten anleiten. Das schließt natürlich nicht aus, daß neue Texte zu neuen Fragen herausfordern!

Beobachtungen und Informationen	Folgerungen
Der Text läßt sich in einzelne Szenen gliedern; es begegnen die Momente Spannung, Höhepunkt, Lösung. Dem Aufbau nach liegt eine Erzählung vor, Erzählung aber will einen Hörer mitnehmen.	Die Gliederung weist hin auf bewußte Textgestaltung.
Trotz des szenisch guten Aufbaus ist der Text in sich uneinheitlich; unterschiedliche Vorstellungen konkurrieren miteinander.	In sich ist der Text uneinheitlich.
Man kann die miteinander konkurrierenden Vorstellungen so ordnen, daß zwei Vorstellungsreihen herauskommen.	Es kann angenommen werden, daß im Text Überlieferungen mit unterschiedlichen Vorstellungen miteinander verbunden worden sind.

Aus dem Text lassen sich zwei in sich geschlossene Erzählungen vom Wunder am Meer gewinnen; einige Verse bleiben übrig.

Zwei ursprünglich selbständige, bewußt gestaltete Texte sind miteinander verbunden und durch Glossen oder Reste einer dritten Erzählung ergänzt worden.

Weder die Vorstellung über den genauen Hergang des Geschehens noch über die geographische Lage sind aus den Texten klärbar; sie sind sich aber darin einig, daß Fliehende von einer ägyptischen Streitmacht verfolgt werden; dabei kommen die Ägypter in einer Flutkatastrophe ums Leben.

Die Texte befriedigen unser Interesse an einer Darstellung des genauen Verlaufs nicht, doch kann gefragt werden, ob ein historischer Kern zugrunde liegen könnte.

Außerbiblische Quellen weisen darauf hin, daß der Rahmen, in dem der Text steht, den Gegebenheiten der alten Zeit entspricht.

Mit einem historischen Kern des Erzählten kann gerechnet werden.

Die Herausführung aus Ägypten als wunderbares Tun Jahwes begründet die Gebote, den Aufruf zur Umkehr, Zuspruch und Hoffnung, sie bildet einen Schwerpunkt des Glaubensbekenntnisses Israels: In 2. Mose 13–14 wird in zwei Variationen eine Hauptaussage des Glaubensbekenntnisses zur Sprache gebracht.

Im Zusammenhang mit der Weitergabe alter, letztlich in einem historischen Geschehen gründender Überlieferung wird die theologische Bedeutung, die das Ereignis für das Gottesvolk hat, zur Sprache gebracht.

Text A wird einem Erzählwerk zugerechnet, das aus der ersten Königszeit Israels stammt, aus der Blütezeit des Gottesvolkes. Es begegnen Motive aus der damals gängigen Überlieferung vom Heiligen Krieg.

Der Erzähler bringt in die Erzählung die Glaubenserfahrungen seiner Zeit mit ein.

Text B ist geformt nach dem Schema: Wort Jahwes an den Boten – Verwirklichung – Antwort Israels. Israel bekennt sich zu Jahwe, der an seinem Volk durch das Wort des Boten, des Propheten, handelt.

Schon allein der Aufbau eines Textes enthält eine entscheidende Aussage.

Im Text begegnen uns fremde Redewendungen; andere Texte zeigen, wie sie gemeint sind.

Die Bedeutung bestimmter Redewendungen kann durch andere Bibelstellen erhellt werden.

Text B wird dem priesterschriftlichen Erzählwerk zugerechnet und damit einer Notzeit, in der Israel neu vor der Frage nach Gott steht. Man kann erkennen, daß der Text die geschichtlichen Herausforderungen seiner Zeit aufnimmt, um zu antworten.

Das Wissen um die zeitliche Ansetzung der Texte hilft zu ihrem Verständnis.

Israels Glaubensbekenntnis ist geschichtsbezogen.

Daß die Texte in der Verflechtung und nicht nacheinander überliefert worden sind, mag damit zusammenhängen, daß Israel daran festhielt, daß Jahwe geschichtlich an Israel handelt.

Die Tatsache, daß die alten Glaubensüberlieferungen in Israel bewahrt wurden, weist darauf hin, daß Israel nicht leicht eine gewichtige Tradition hat fallenlassen.

Es wird der Treue Israels zur Überlieferung zu verdanken sein, daß parallele Texte erhalten geblieben sind.

V. Der Prophet und sein Wort

Micha 3,9–12
Eine Hinführung zum Verstehen prophetischer Texte

VORBEMERKUNG

Wer ist das: ein Prophet? Was ist das für ein Wort, das er da sagt?
Der Prophet sagt mit seinem Wort Zukunft voraus – so versteht man landläufig. Vielleicht möchten wir Christen das so nicht stehenlassen. Wir haben es nicht gerne, wenn ein Prophet mit einem Wahrsager verwechselt wird.
Aber können wir es anders sagen? Fragen wir einmal in einer der Schriften nach, die wir als „Die Propheten" kennen. Da heißt es zum Beispiel:

> „Darum wird Zion um euretwillen wie ein Acker gepflügt werden,
> und Jerusalem wird zu Steinhaufen werden
> und der Berg des Tempels zu einer Höhe wilden Gestrüpps." (Micha 3,12)

Ist das nicht wirklich eine Vorhersage, einer Gruppe von Menschen hingeworfen?
Oder sehen wir uns in den Erzählungen über den Propheten Elia um. Da wird erzählt, er habe zu dem König Ahab gesagt:

> „Siehe, ich will Unheil über dich bringen
> und dich vertilgen samt deinen Nachkommen
> und will von Ahab ausrotten alles, was männlich ist." (1. Kön. 21,21)

Wieder ein Wort, das unheilvolle Zukunft, diesmal eines einzelnen, aufzeigt.
Propheten sind also doch solche Männer, die mit Sicherheit Zukunft voraussagen?

Bleiben wir bei dem angeführten Michawort. Es begegnet noch einmal im Alten Testament. In Jer. 26,19 wird es zitiert mit folgendem Hinweis:

> „Doch ließ Hiskia, der König von Juda, und das ganze Juda den Propheten deswegen nicht töten, vielmehr fürchteten sie den Herrn und flehten zu ihm. Da reute auch den Herrn das Übel, das er gegen sie geredet hatte." (Jer. 26,19 f.)

Sagt das nicht, daß das Prophetenwort ein Wort ist, das in die Zukunft weist, aber doch Zukunft offenläßt?

In 1. Kön. 21,27–29 lesen wir:

> „Als aber Ahab dieses Wort hörte, zerriß er seine Kleider und legte ein härenes Tuch um seinen Leib und fastete und schlief darin und ging bedrückt einher.
> Und das Wort des Herrn kam zu Elia, dem Thisbiter: Hast du nicht gesehen, wie sich Ahab vor mir gedemütigt hat? Weil er sich nun vor mir gedemütigt hat, will ich das Unheil nicht kommen lassen zu seinen Lebzeiten . . ."

Wie ist das zu verstehen? Zukunft wird vorhergesagt, dann aber aufgeschoben?

Wenn wir eine Antwort auf diese Fragen finden wollen, müssen wir versuchen, Texte des Alten Testaments durch Beachtung ihrer sprachlichen Gestalt und ihrer geschichtlichen Zusammenhänge zum Reden zu bringen.

1. ZUR ÜBERLIEFERUNG PROPHETISCHER TEXTE

Die Texte, denen die beiden oben zitierten Prophetenworte entnommen sind, lassen erkennen, daß sie unterschiedlichen Überlieferungsformen angehören.
Das *Eliawort* steht im Schlußteil einer anschaulichen Erzählung, die wir unter der Überschrift „Naboths Weinberg" kennen.
Das *Michawort* hingegen stammt aus dem Buche „Micha", das nach einem kurzen geschichtlichen Hinweis (1,1) Worte des Propheten enthält, ohne daß erzählt wird, in welchem Zusammenhang er sie gesagt hat. Es handelt sich in diesem Buch um eine Sammlung von Prophetensprüchen.
Im Buch des Propheten *Jeremia*, in dem das Wort des Micha zitiert wird, findet sich beides: Prophetenerzählungen und Sammlungen von Prophetensprüchen. Micha 3,12 wird innerhalb einer Prophetenerzählung zitiert.

> Die prophetische Überlieferung enthält Prophetenerzählungen und Sammlungen von Prophetensprüchen.

Zu beachten ist, daß das Ziel auch der Prophetenerzählungen in einem Wort liegt. Dem entspricht die Tatsache der Sammlungen von Prophetenworten: Die Worte waren das eigentlich Wichtige und mußten bewahrt werden. Zu fragen bleibt jedoch, ob man die Worte der Wortüberlieferung ohne Angabe der Situation, in die sie hineingesprochen wurden, verstehen kann. Und können wir den Worten noch entnehmen, wie der Prophet sie und sich selber verstand? Im folgenden wollen wir einen Text aus einer Wortsammlung daraufhin untersuchen.

2. MICHA 3,9–12

In Micha 3,12 wird das Zukunftswort, das Unheil ankündigt, mit „darum" eingeleitet. Das heißt aber, daß eine Begründung vorangehen muß. Wir finden sie in den Versen 9–11. In 4,1 beginnt ein neues Prophetenwort. Das heißt aber, daß wir 3,9–12 als eine Worteinheit aus dem Zusammenhang herauslösen können.
Zur besseren Übersicht soll der Text wieder eingeteilt und numeriert werden:

Nr. 1 „Höret doch dies,

Nr. 2 ihr Häupter im Hause Jakob
und ihr Herren im Hause Israel,

Nr. 3 die ihr das Recht verabscheut
und alles, was gerade ist, krumm macht;

Nr. 4 die ihr Zion mit Blut baut
und Jerusalem mit Unrecht

Nr. 5 – seine Häupter richten für Geschenke,
seine Priester lehren für Lohn
und seine Propheten wahrsagen für Geld –

Nr. 6 und euch dennoch auf den Herrn verlaßt
und sprecht: Ist nicht der Herr unter uns?
Es kann kein Unglück über uns kommen.

Nr. 7 Darum

Nr. 8 wird Zion um euretwillen wie ein Acker gepflügt werden,
und Jerusalem wird zu Steinhaufen werden
und der Berg des Tempels zu einer Höhe wilden Gestrüpps."

2.1. Zur Form und Gliederung des Textes

Die oben gebotene Aufgliederung des Textes läßt erkennen, daß die einzelnen Themen des Textes doppelt (Nr. 2–4) oder dreifach (Nr. 5, 6, 8) genannt werden. Wir haben hier eine Form der hebräischen Dichtkunst vor uns, den sogenannten Parallelismus membrorum (Parallelismus der Glieder).
Allerdings gibt es Formen des Parallelismus membrorum, die zu unterscheiden sind. Der „synonyme Parallelismus memborum" macht eine Aussage zwei- bis dreimal mit Wendungen gleicher (synonymer) Bedeutung. Er liegt in Nr. 2, 3, 4, 6, 8 vor. Wenn wir ihn bei der Auslegung nicht beachten, geraten wir in die Gefahr zu überlegen, wer z. B. mit den Häuptern im Hause Jakob im Unterschied zu den Herrn im Hause Israel gemeint sei. Die Beachtung des synonymen Parallelismus membrorum lehrt uns, daß nicht zwei Gruppen angeredet werden, vielmehr wird eine zweimal genannt. Der „synthetische Parallelismus membrorum" liegt in Nr. 5 vor: Die Aussage über die Verwerflichkeit der Stadt wird „zusammengefügt" aus drei Gliedern, die je eine andere Gruppe der Führungsschicht in ihrem verwerflichen Tun schildern.
Die poetische Form bei einem Prophetenwort ist nicht einmalig. Wir können sogar die Regel aufstellen, daß dichterische Sprache – unterschiedlicher Prägung – für die Prophetenworte kennzeichnend ist. Prophetische Worte wollen sich *wörtlich* einprägen. Das dürften auch die Propheten beabsichtigt haben. Es unterstreicht die Wichtigkeit der prophetischen Worte.

**Die Prophetenworte wollen sich wörtlich einprägen, sie zeigen poetische Form.
Diese muß bei der Auslegung beachtet werden.**

Der Text beginnt mit einem *Aufruf zum Hören* (Nr. 1). Anschließend werden die Gerufenen nicht gerade freundlich behandelt. Ihnen wird in *direkter Anrede*

Nr. 3 Rechtsbruch

Nr. 4 schuldhaftes Bauen

Nr. 6 Sichverlassen auf den Herrn
vorgeworfen.

In Nr. 5 ist die Anrede nicht durchgehalten:

> „– *seine* Häupter richten für Geschenke,
> *seine* Priester lehren für Lohn
> und *seine* Propheten wahrsagen für Geld."

Wir müssen fragen, wer mit *seine* gemeint ist. Der Zion vielleicht? Das ist nicht sicher erkennbar. Diese Undeutlichkeit und das Verlassen der Form der Anrede legt nahe, daß das dreigliedrige Stück später in das Prophetenwort eingeschoben worden ist.

Sachliche Undeutlichkeit und stilistische Unebenheit lassen einen späteren Einschub erkennen.

Sehen wir zunächst von Nr. 5 ab, so wird deutlich: Dem eine Begründung fordernden Unheilswort geht in Form der Anrede eine niederschmetternde Charakterisierung der Mächtigen voraus. Diese liefert die *Begründung* für das Unheilswort.

Dem prophetischen Unheilswort geht eine Begründung voraus.

Sehen wir uns das Verhältnis von Unheilswort und Begründung etwas näher an. In der Ankündigung wird die Zerstörung Jerusalems angesagt, und zwar in drei parallelen Aussagen über den Zion, Jerusalem und den Tempel.
Die Begründung redet entsprechend von Geschehnissen auf dem Zion und in Jerusalem; der Tempel wird indirekt genannt, wenn es heißt: „Ist nicht der Herr unter uns?" Das heißt aber:

Die beiden Teile, Ankündigung und Begründung, sind aufeinander bezogen, sie bilden eine Einheit.

Es muß noch einmal bedacht werden, daß die Charakterisierung der Mächtigen die Form der Anrede trägt: Bestimmten Menschen werden in direkter Rede bestimmte Taten vorgeworfen. Das heißt doch, daß die Ansage zukünftigen Unheils mit Verhaltensweisen der Zeitgenossen des Propheten begründet wird. Das Unheil kommt also nicht von ungefähr, nicht schicksalhaft. Es hat seine Begründung im menschlichen Tun: Das Zukunftswort ist nicht Schicksalswort, sondern Gerichtswort!

**Die Begründung zeigt:
Beim Zukunftswort des Propheten handelt es sich um ein Gerichtswort.**

Diese Erkenntnis wird unterstrichen durch die Beobachtung, daß ein prophetisches Wort zurückgenommen oder aufgeschoben werden kann. Wenn Menschen ihr Tun bereuen und ändern, kann ein Urteil aufgehoben oder auf Bewährung ausgesetzt werden! Die Vorstellung einer Schicksalsbestimmung schließt dieses dagegen aus!

Woher aber nimmt sich der Prophet das Recht, ein Gerichtswort zu sagen? Ein formaler Vergleich mit Micha 2,1–5 kann weiterhelfen.

2.1.1. *Vergleich mit der Textform Micha 2,1–5*

Auch der Text Micha 2,1–5 läßt sich in zwei Teile aufgliedern:

I. „Wehe denen,
die Schaden zu tun trachten auf ihrem Lager,
daß sie es frühe – wenn's licht wird – vollbringen,
weil sie die Macht dazu haben.
Sie reißen Äcker an sich
und nehmen Häuser, wie sie's gelüstet.
So treiben sie Gewalt mit eines jeden Hause
und mit eines jeden Erbe.

II. Darum so spricht der Herr:
Siehe, ich ersinne wider dies Geschlecht Böses,
aus dem ihr euern Hals nicht herausziehen könnt
und unter dem ihr nicht so stolz einhergehen sollt;
denn es soll eine böse Zeit sein.
Zur selben Zeit wird man einen Spruch von euch machen
und klagen: Es ist aus –
so wird man sagen –, wir sind vernichtet!
Meines Volkes Land kriegt einen fremden Herrn!
Wann wird er uns die Äcker wieder zuteilen,
die er uns genommen hat?
Jawohl, ihr werdet keinen Anteil behalten
in der Gemeinde des Herrn."

Teil I charakterisiert wieder das Tun bestimmter Menschen; diesmal allerdings nicht in der Form der direkten Anrede. Das dürfte damit zusammenhängen, daß dieser Text nicht mit einem Aufruf zum Hören, sondern mit einem Weheruf – „Wehe denen" – eingeleitet wird. Diese Einleitung fordert die Rede in der dritten Person. Eine *indirekte Anrede* liegt vor.
Teil II bringt das Zukunftswort; der Anschluß wird auch diesmal mit „darum" gegeben. Das heißt, daß der erste Teil wieder als Begründung des zweiten verstanden werden will. Hinzu tritt, daß auch hier eine inhaltliche Entsprechung zwischen Teil I und Teil II zu erkennen ist:

Wider die, die Böses sinnen,
sinnt der Herr Böses;
denen, die Äcker rauben,
soll das Land genommen werden.

Die Texteinheit bestätigt also den in Micha 3,9–12 gefundenen Aufbau:

Dem Unheilswort geht eine Begründung voran; das Zukunftswort hat seine Entsprechung in der Gegenwart.

Und doch ist ein *Unterschied* zu bemerken: Die Unheilsankündigung wird eingeleitet mit den Worten *„So spricht der Herr"*! Das fand sich in Micha 3,12 nicht. Dort konnte es so aussehen, als richte der Prophet aus eigener Vollmacht. Hier jedoch wird die Zukunftsansage als göttliches Wort verstanden. Aber wird dieses Verständnis durch die Einleitung wirklich nahegelegt?

Die Frage nach dem *„Sitz im Leben“* des Satzes „So spricht der Herr“ muß bedacht werden.

2.1.2. Die Botenformel in Micha 3,12

Beachten wir die Zitierung des Wortes in Jer. 26. Dort wird das Unheilswort mit der Botenformel überliefert. Hinzu tritt, daß in Vers 19 gesagt wird, Hiskia habe den Herrn gefürchtet und Buße getan, so daß sich der Herr das Unheil gereuen ließ. Ganz deutlich wird in dieser *Erzählung* das Wort des Micha als Botschaft von Jahwe verstanden.
Eine andere Beobachtung kann dieses Verständnis auch für Micha 3,12 nahelegen. In den Sammlungen prophetischer Wortüberlieferungen kann man mehrfach den oben gezeigten Aufbau finden:

Einem Zukunftswort geht eine Begründung voraus.

Zu erkennen ist, daß das Zukunftswort unterschiedlich eingeleitet wird. Mit

„Darum so spricht der Herr“ (Micha 2,3),

„Darum, so spricht der Herr, der Gott Zebaoth“ (Jer. 5,14),

„Darum“ (Micha 3,12),

„Siehe“ (Jes. 8,7).

Es deutet alles darauf hin, daß in den Sammlungen die Botenformel in einer erweiterten oder auch abgekürzten Form begegnen kann. Darum können wir sagen:

Am Anfang von Micha 3,12 liegt eine abgekürzte Botenformel vor. Das Urteil will als Botschaft von Jahwe verstanden werden.

Wie aber steht es mit der Begründung? Enthält auch sie Botschaft von Jahwe?
Bedenken wir noch einmal die Form von Micha 3,9–12. Die Begründung beginnt mit dem Aufruf „Höret dies“. Mit „dies“ wird auf die Ankündigung (Nr. 8) vorausverwiesen. Im übrigen zeigt die Begründung die Form der Anrede. Erst in Nr. 7 steht die verkürzte Botenformel „darum“. Nur in Nr. 8 begegnet also der Anspruch, daß Botschaft von Gott vorgetragen wird. Das heißt doch, daß wir damit rechnen dürfen, daß der Prophet die Begründung selber gibt.

Die Begründung gibt der Prophet.

Die sachliche Beziehung von Begründung und Ankündigung zeigt aber, daß der Prophet seine Begründung aus der Ankündigung entwickelt hat. Insofern steht auch die Begründung unter dem Eindruck der Botschaft – dem Urteil – Gottes. So kann es auch geschehen, daß in der Überlieferung die Botenformel an den Anfang der Einheit Begründung–Ankündigung tritt (Micha 3,5).
Zu fragen bleibt: Kann der Prophet seinen Hörern die Ankündigung als berechtigtes Urteil Jahwes einsichtig machen? Um hierauf zu antworten, müssen wir uns dem Inhalt des Textes zuwenden.

2.2. Zum Inhalt von Micha 3,9–12

Wir haben erkannt, daß die eigentliche Botschaft Jahwes in dem Urteilswort (Nr. 8) enthalten ist; in Nr. 1–4 und 6 setzt der Prophet seine Begründung hinzu. Gehen wir darum bei der Frage nach dem Inhalt von dem Botenspruch aus und fragen dann, wie der Prophet das Urteil zu begründen sucht.

2.2.1. Die Ankündigung (Nr. 8)

In parallelen Gliedern wird Jerusalem der Untergang angesagt!
Es sind in der Welt schon mehrere Städte untergegangen – durch Krieg, Erdbeben oder andere Katastrophen. Warum nicht auch Jerusalem? Allerdings hat der Untergang einzelner Städte unterschiedliches Echo gefunden, je nachdem, welche Bedeutung man der jeweiligen Stadt zumaß. Darum müssen wir fragen, welche Bedeutung Jerusalem für die Zeitgenossen Michas besaß. Diese können wir erst ermessen, wenn wir die Vorstellungen bedacht haben, die man mit Jerusalem und dem Tempel verband.
In Psalm 132,13 f. heißt es:

13 „Denn der Herr hat den Zion erwählt,
und es gefällt ihm, dort zu wohnen.

14 ‚Dies ist die Stätte meiner Ruhe ewiglich;
hier will ich wohnen, denn es gefällt mir ...'"

Vers 13 enthält ein Bekenntnis – wieder im Parallelismus membrorum. Begründet wird es, indem eine Heilszusage Jahwes in erster Person zitiert wird (14): Hinter dem Bekenntnis zum Zion als dem Wohnsitz Jahwes steht für den Beter Jahwes Heilsverheißung!
Wenn Micha Unheil über Jerusalem ankündigt, zieht er – das können wir aus Psalm 132 schließen – für seine Hörer eine *Heilszusage Jahwes* in Zweifel! Er stellt ein Gotteswort gegen das andere, angekündigtes Unheil gegen angekündigtes Heil. Das dürfte unterstreichen, daß der Prophet das Urteil als Wort Gottes versteht. Nur Gott selber kann dem von ihm zugesagten Heil eine Unheilsansage entgegenstellen! Das dürfte aber auch der Grund dafür sein, daß das Unheilswort in Jerusalem wie eine Bombe einschlug: Es erregte ein solches Aufsehen, daß man noch über ein Jahrhundert später zu erzählen wußte, daß König Hiskia auf dieses Wort hin den Propheten *nicht* habe hinrichten lassen. Das hatte also nahegelegen!

Die Ankündigung bekommt ihre Schärfe auf dem Hintergrund Jerusalemer Tradition.

Diesem aufsehenerregenden Unheilswort gibt der Prophet seine Begründung.

2.2.2. Die Begründung (Nr. 1–4 und 6)

Micha redet die Machthaber in Jerusalem darauf an, daß sie „den Zion mit Blut und Jerusalem mit Unrecht" bauen. Wie ist das zu verstehen?
Zu Beginn des Michabuches werden zur Zeitbestimmung drei Könige genannt, Jotham, Ahas und Hiskia. Eine eingehende Analyse der Prophetenschrift legt nahe, daß Micha nur zur Zeit des Königs Hiskia aufgetreten ist. Diese Zeitangabe stimmt auf jeden Fall mit der späteren Erzählung in Jer. 26 überein.

Wenn wir nun nachlesen, was in 2. Kön. 18 und 2. Chron. 29 ff. von Hiskia erzählt wird, so wird zweierlei hervorgehoben: 1. Eine Kultusreform; er schafft die heidnischen Kulte ab. Das wird ihm von den Endredaktoren der Königsbücher hoch angerechnet (2. Kön. 18,3–7). 2. Eine rege Bautätigkeit. Nach 2. Chron. 32,2 ff. ist dem König Hiskia die verteidigungstechnisch weise Maßnahme zuzuschreiben, die Gichonquelle durch einen Tunnel mit dem Teich von Siloah verbunden und so die Wasserversorgung Jerusalems im Belagerungsfalle sichergestellt zu haben. Auch heißt es von ihm, daß er die Stadtmauern aufbessern und neu befestigen ließ. Er sorgte also für eine gute Verteidigung der Stadt. Das war auch – politisch gesehen – dringend erforderlich! Denn Assyrien begann zu einer Großmacht aufzusteigen und sich der westlichen Kleinstaaten zu bemächtigen.
Den genannten Tätigkeiten Hiskias entspricht die Formulierung der Botschaft des Großkönigs von Assyrien, wie sie in 2. Kön. 18,29 gestaltet ist:

> „Laßt euch von Hiskia nicht betrügen, denn er vermag euch nicht aus meiner Hand zu retten. Laßt euch von Hiskia nicht vertrösten auf Jahwe, wenn er sagt: Der Herr wird euch erretten, und diese Stadt wird nicht in die Hände des Königs von Assyrien gegeben werden."

Klingt nicht Psalm 132 an? Hat Hiskia nicht aufgrund der Heilszusage das Recht, ja die Pflicht, so zu trösten? Und gerade er kann dieses Recht in Anspruch nehmen! Er hat den Kult reformiert! Und ist es nicht klug von Hiskia, daß er den Verteidigungskrieg geschickt vorbereitet hat durch wohldurchdachte Verteidigungsmaßnahmen? So meint er, der Stadt zwei Sicherheitsgarantien gegeben zu haben: die Stadtmauern und den Kult. Seine Zukunftsprognose kann jetzt lauten: Die gut befestigte Stadt, in der die Gottesdienste intakt sind, nur Jahwe angebetet wird, wird dem Feind widerstehen können!

Auch der Prophet Micha redet vom Kult und der Bautätigkeit:

> „Die ihr Zion mit Blut baut
> und Jerusalem mit Unrecht . . .
> und euch dennoch auf den Herrn verlaßt,
> und sprecht: Ist nicht der Herr unter uns?
> Es kann kein Unglück über uns kommen."

Seine Formulierungen lassen ahnen, daß die Verteidigungsmaßnahmen Hiskias auf Kosten der Ohnmächtigen, der sozial Schwachen gegangen sind. Der Verteidigungsbau hat Blut und Unrecht im Gefolge gehabt. Man hat Recht in Unrecht verkehrt, ist krumme Wege gegangen. Die „Aufrüstung" hat sich offensichtlich nicht durchführen lassen, ohne daß man soziales Unrecht dafür eingehandelt hat.

Bei der Beachtung geschichtlicher Zusammenhänge können wir erkennen, worauf der Prophet sein Gegenüber anredet.

Dabei nimmt der Prophet die sich mit dem Zion verbindenden *Glaubenstraditionen* auf: „Ist nicht der Herr unter uns?" erinnert an das Bekenntnis von Psalm 132,13. Eine weitere Zionstradition berechtigt den Propheten, in diesem Zusammenhang von Recht bzw. Unrecht zu reden. In Psalm 15 heißt es:

1 „Herr, wer darf weilen in deinem Zelt?
Wer darf wohnen auf deinem heiligen Berge?

2 Wer untadelig lebt
und tut, was recht ist;
. . .

3b Wer seinem Nächsten nichts Arges tut
und seinen Nachbarn nicht schmäht.
. . .

5 Wer sein Geld nicht auf Zinsen gibt
und nimmt nicht Geschenke wider den Unschuldigen.

Wer das tut,
wird nimmermehr wanken."

In diesem Psalm haben wir es mit einer „Torliturgie" zu tun: Vor dem Eintritt in das Heiligtum wird der Priester befragt und von ihm die Lehre erteilt, wer in den Tempel hineingehen darf. Deutlich ist, daß Rechtssätze genannt werden: Wer kein Unrecht an seinem Nächsten tut, kann eintreten. Ihm wird verheißen, daß er „nimmermehr wankt". Der Tempel gibt also nicht automatisch Sicherheit, „festen Boden", vielmehr denen, die das Recht des Nächsten achten! Denn Jahwe, der den Zion erwählt hat, dort zu wohnen, ist der Gott, der das Recht will, das rechte Verhalten der Menschen zueinander. Von den *alten Traditionen* her ist als Gegensatz untragbar: Sich verlassen auf Jahwe *und* Unrecht üben! Wenn der König sich wirklich darauf verläßt, daß Jahwe – der Gott des Rechts – inmitten Jerusalems wohnt, daß *Er* Jerusalem retten wird, daß *Er* den Zion erwählt hat, dann schließt das aus, daß Verteidigung mit unrechten Mitteln aufgebaut wird.

Der Prophet sieht in seiner Begründung die Taten seiner Hörer auf dem Hintergrund der Glaubenstraditionen Israels.

So wird deutlich, daß eine Heilszusage nicht willkürlich durch eine Unheilsansage außer Kraft gesetzt wird; vielmehr haben die Häupter Judas die Heilszusage außer Kraft gesetzt. Micha zeigt ihnen, daß das Urteil über Jerusalem darauf zurückzuführen ist, daß *sie* Jahwe nicht wirklich als Retter annehmen und ernst nehmen. Denn wenn die Glaubenden sich daran festhalten, daß ihnen Zukunft gewiß ist, brauchen sie die Zukunft anderer – das Leben anderer – nicht aufs Spiel zu setzen, um das eigene zu retten.
Anders gesagt: Wenn sie, um sich selber zu retten, Menschenleben und Menschenrecht aufs Spiel setzen, muß sich die Heilszusage in ein Gerichtswort verkehren, etwa in dem Sinn: „Er wird uns retten, indem er uns richtet."

Der Prophet – so folgerten wir aus der Form des Textes – versteht sich als Bote Jahwes: Er hat im Namen Jahwes einen Urteilsspruch zu übermitteln. Auch der Inhalt weist in die Richtung. Wohl sah es zunächst so aus, als hebe das Unheilswort eine alte Heilsansage Gottes auf, als stehe das Wort des Micha gegen ein Jahwewort; die Begründung aber macht deutlich, daß das Urteilswort von der Jahwetradition her zu Recht besteht.

3. DER SPÄTERE EINSCHUB NR. 5

Oben wurde anhand der Satzkonstruktion gezeigt, daß der Text einen späteren Einschub enthält:

„Seine Häupter richten für Geschenke,
seine Priester lehren für Lohn,
und seine Propheten wahrsagen für Geld."

Wie ist dieser Einschub zu verstehen?
Wie mag es zu ihm gekommen sein?

Daß auch die prophetische Botschaft nicht lediglich konservierend aufgehoben, sondern immer neu aufgegriffen und bedacht wurde, macht die Erzählung Jer. 26 deutlich: Die alte Unheilsansage wird zitiert. Allerdings ohne die Begründung des Micha. Das ist verständlich, denn sie wird in eine andere Situation hinein aufgenommen: Diesmal besteht die Gefahr, daß ein Prophet – Jeremia – getötet wird, weil er gegen Jerusalem geredet hat. Die Großen sollen davon abgehalten werden, das zu tun.
Der stark politisch-soziale – zugleich aber theologische! – Vorwurf traf die Generation Hiskias an bestimmter Stelle. Das Wort, daß Jerusalem untergehen wird, gilt in der Zeit unsozialer Bautätigkeit. Eine spätere Generation sieht das Unrecht in anderen Handlungsweisen. Das zeigt der Einschub: Recht, Priesterlehre und Prophetie sind käuflich geworden. Auch das ist soziales Unrecht. Nur der, der Geld hat, kommt zu seinem Recht. Wieder wird Gottes Recht verletzt, vgl. Psalm 15,5. Nur der Reiche kann an der Priesterlehre teilnehmen, in den Tempel eintreten. Das Geld ist an die Stelle der Torliturgie getreten. Und es wird eine Prophetenschaft sichtbar, von der man sich Zusage des Heils für Geld erkaufen kann (vgl. Jer. 23,15–17).
In dieser Zeit gibt es Männer, die das Michawort neu hören. Sie sehen das Unheil auf sich und ihre Zeitgenossen zukommen. Mag Jahwe es auch bisher aufgeschoben, ausgesetzt haben, noch immer ist er als Gott des Rechts in ihrer Mitte; noch immer tritt er für die Rechtlosen ein. Darum besteht Gefahr, daß es nun geschehen wird!

Der Einschub im Text bezieht das Prophetenwort auf eine spätere Situation.

4. DER ALTE TEXT UND DIE SPÄTERE INTERPRETATION

Es könnte bei uns die Tendenz vorliegen, der späteren Begründung (Nr. 5) leichter zuzustimmen: Eine käufliche, verwerfliche Beamtenschaft im alten und neuen Gottesvolk stößt immer auf moralisch-ethische Kritik; zumal, wenn man meint, sich davon absetzen zu können. Wenn es schiefgeht, ist die Institution schuld.
Der alte Text greift tiefer an. Er widerlegt den beliebten Satz „Hilf dir selbst, so hilft dir Gott". Er deckt auf: Wenn Gott erst dort als Helfer angenommen wird, wo sich der Mensch auf keine Weise mehr selber helfen kann, besteht die Gefahr, daß das rechte Verhältnis der Menschen zueinander geopfert wird. Nur die Gemeinde kann wirklich heil werden, die mitmenschliches Recht nicht zu opfern braucht, weil sie damit rechnet, daß Gott denen, die ihm vertrauen, Zukunft, Leben gibt. Auch dann, wenn die Umstände scheinbar verlangen, daß das Recht einzelner zugunsten aller geopfert wird.

5. DER PROPHET UND SEIN WORT

Greifen wir die zuerst genannten Fragen wieder auf:

- Wer ist das – ein Prophet?
- Was ist das für ein Wort, das er da sagt?

Wir können jetzt antworten:
Der Aufbau der Worteinheit Micha 3,9–12 macht deutlich, daß das Zukunftswort Antwort ist auf das Tun des Gottesvolkes. Es ist nicht Schicksalswort, sondern *Gerichtswort.*
Die Botenformel macht deutlich, daß sich der Prophet als *Bote Gottes* weiß. In bestimmter geschichtlicher Situation hat er das Gerichtswort Gottes zu übermitteln.
Der Inhalt des Textes zeigt, daß der Prophet mit Hilfe der *Glaubenstraditionen* Israels versucht, seinen Hörern das Urteil als Wort Jahwes verstehbar zu machen. Nicht direkt gestellt und darum auch nicht direkt beantwortet ist bisher die Frage, wie Gott die Botschaft an den Propheten übermittelt.
In der Eliaerzählung heißt es: „Aber das Wort des Herrn kam zu Elia, dem Thisbiter." Aber wie „kommt" es?
In den prophetischen Schriften wird von Auditionen (Hörerlebnissen) und Visionen (Gesichte) erzählt. Auch die Auditions- und Visionsberichte sind traditionell geformt. Es kehren bestimmte Vorstellungen und Erlebnisse wieder (vgl. z. B. 1. Kön. 22,19–22 mit Jes. 6: Gott thront, umgeben von einem „himmlischen Hofstaat", und fragt, wen er senden soll). Wie wir uns die Beauftragung *psychisch* vorzustellen haben, können wir nicht recht ermitteln.
Und doch kann *theologisch* etwas dazu gesagt werden. Aus dem Michawort, das den Botschaftsempfang nicht mitteilt, wird deutlich: Der Prophet sieht und sagt nicht etwas völlig Neues! Er nimmt je nach Situation Glaubenstraditionen des Gottesvolkes auf. Er „sieht" und „hört" ihre entscheidende Bedeutung für die Gegenwart und Zukunft seiner Hörer. Das aber – so sagt die Botenformel – ist nicht lediglich als gedankliche oder ethische Leistung eines überragenden Mannes zu begreifen. Hier ist *Gott, Sein* Wille, *Sein* Geist, und *Seine* Offenbarung, die treibende Kraft. *Er* gibt oder nimmt Zukunft!

6. ÜBERSICHT ÜBER DIE EXEGETISCHEN ERKENNTNISSE

Beobachtungen und Informationen	Folgerungen
Das Alte Testament enthält Prophetenerzählungen und Sammlungen von Prophetensprüchen.	Wir müssen fragen, ob Erzähltradition oder Wortüberlieferung vorliegt.
Die Prophetenworte tragen weitgehend poetische Form.	Poetische Formen müssen bei der Auslegung berücksichtigt werden.

Sachliche Undeutlichkeit und stilistische Unebenheit lassen einen späteren Einschub erkennen.

Spätere Einschübe können stilistisch und inhaltlich erkannt und bei der Auslegung zunächst unberücksichtigt gelassen werden.

Die Texte Micha 3,9–12 und 2,1–5 zeigen folgenden Aufbau: Dem Unheilswort geht eine Begründung voran; in dieser wird den Hörern ruchloses Tun vorgeworfen.

Das Unheilswort ist nicht Schicksalswort, sondern Gerichtswort.

In der Erzähltradition und in der Wortüberlieferung begegnet die Botenformel; in der Erzähltradition die Botensendung: Der Prophet weiß sich als Bote Jahwes.

Das Zukunftswort will als Gerichtswort Jahwes verstanden werden.

Zukunftswort und Begründung nehmen Glaubenstraditionen Israels auf.

Wir müssen nach den Traditionen, die hinter dem Text stehen, fragen.

Die geschichtlichen Zusammenhänge zeigen, worauf der Prophet sein Gegenüber anredet.

Die geschichtliche Situation des Textes muß im Zusammenhang des Alten Testamentes gesucht werden.

Der Einschub im Text bezieht das Prophetenwort auf eine spätere Situation.

Es muß gefragt werden, wie ein Einschub ein Prophetenwort in späterer Zeit aktualisiert.

Anmerkungen

1 Es wird häufig auf die Unterschiede, die ja auch vorhanden sind, hingewiesen und gesagt: Wenn drei Leute ein Erlebnis weitererzählen, sind immer Unterschiede da. Letzteres ist nicht zu leugnen. Die Unterschiede dieser drei Texte sind aber bei weitem nicht groß genug, daß man sagen kann, daß drei voneinander unabhängige Berichte vorliegen.

2 Vergleichen wir dazu die Einleitung zum Lukasevangelium Luk. 1,1–4: Lukas unterscheidet zwischen denen, die Bericht gegeben haben, und denen, die es nach eigenem Erleben diesen Berichterstattern überlieferten! Er selbst gibt an, auf den Berichten, den schriftlichen Quellen, zu fußen.

3 Der Name hängt zusammen mit dem Verb „abtrennen" oder „absondern", doch ist nicht recht geklärt, um welche „Absonderung" es sich ursprünglich gehandelt hat.

4 Umwelt des Urchristentums II, Texte zum neutestamentlichen Zeitalter, herausgegeben von Leipoldt/Grundmann, EVA 1967, S. 184.

5 Gerhard Gloege, Aller Tage Tag, Stuttgart 1960, S. 24.

6 Gloege, a. a. O., S. 36.

7 Ernst Lohmeyer, Das Evangelium des Markus, Göttingen 1959, S. 57, Anmerkung 1.

8 Eduard Schweizer, Das Evangelium nach Markus, NTD[11] 1967, S. 34.

9 Im Markusevangelium werden alle aramäischen Worte ins Griechische übersetzt, sogar der Name des Bartimäus = Sohn des Timäus (10,46). Das spricht dafür, daß die Leser des Evangeliums kein Aramäisch konnten, das Evangelium also im griechischen Sprachraum zu Hause war.

10 Nach den ältesten Handschriften endet das Evangelium in 16,8. Darum setzt auch der revidierte Luthertext Mark. 16,9–20 in eine eckige Klammer.

11 In Matth. 27,55 ist von Frauen die Rede. Wörtlich übersetzt heißt es dort: „... die ihm von Galiläa her *nachgefolgt* waren, ihm *dienend*". Ein Vergleich mit Mark. 15,41 zeigt, daß Matthäus die Vorlage geändert hat: Bei Markus sind „nachfolgen" und „dienen" durch ein aufzählendes „und" miteinander verbunden, es werden also zwei parallele Tätigkeiten genannt. Matthäus legt „nachfolgen" mit „ihm dienend" aus. Auch hier wird also das Dienen der Frauen als Nachfolge verstanden.

12 Die Texte werden abgedruckt nach K. von Rabenau, Die beiden Erzählungen vom Schilfmeerwunder, in Ex. 13,17–14,31; Theologische Versuche, EVA 1966.
Ein Vergleich mit Martin Noth, ATD Band 5, zeigt, daß die Gelehrten wohl darin übereinstimmen, daß zwei ursprünglich selbständige Erzählungen ineinandergearbeitet worden sind; in der Trennung sind sie jedoch nicht so ganz einer Meinung. Das heißt, daß auch die vorliegende Quellenscheidung nicht absolut gesetzt werden kann.

13 Im hebräischen Text steht hier der Name Gottes „Jahwe", darum wird er im Text so wiedergegeben. Im Judentum vermied man es, den Namen Gottes auszusprechen, aus Angst, man könne ihn mißbrauchen (vgl. 2. Mose 20,7). Darum las man auch beim Vorlesen des Bibeltextes „Herr" und machte das im Text kenntlich. So kam es, daß die alte griechische Übersetzung aus dem 3. Jh. v. Chr. (Septuaginta) „kyrios" = Herr und später die deutschen Bibeln „Herr" übersetzten.

14 Das umfangreiche Siegeslied in 15,1–17 muß später aus dem kurzen Hymnus erwachsen sein. Man beachte, daß die letzten Verse voraussetzen, daß Israel im Lande Kanaan ansässig geworden ist.

15 Die Philister sind kaum vor den israelitischen Stämmen, übers Mittelmeer kommend, nach Palästina eingewandert. Es begegnet hier also keine „historische Notiz". Vielmehr wird die Vorstellung der Hörer mobilisiert: Ihnen sind die Philister bekannt als die Volksgruppe, die den Israeli-

ten längere Zeit hindurch und hartnäckig die Herrschaft des Landes streitig machte. Sie hören also: Gott leitet das Volk so, daß sie vor der Hauptgefahr, den Philistern, nicht zu erschrecken brauchen.

16 Es ist anzunehmen, daß die Nomaden zur Sammlung und zum Zeichen des Aufbruchs Feuersignale gaben (de Vaux, Das Alte Testament und seine Lebensordnungen II, Freiburg 1960 [Herder], S. 63). Andere Ausleger meinen, daß das Motiv auf vulkanische Erscheinungen hinweise, von denen im Zusammenhang mit dem Sinaiereignis die Rede sei (M. Noth zur Stelle).

17 In Israel reichte ein Tag vom Abend bis zum nächsten Abend: Nacht und Morgen = ein Tag.

18 Man hat dem Erzählwerk den Namen „Jahwist“ gegeben, weil es durchgängig den Gottesnamen „Jahwe“ verwendet. Die anderen Erzählwerke benutzen ihn erst nach 2. Mose 3 bzw. 6,2, da Gott ihn erst dem Mose geoffenbart habe.

19 Zur Zeit der Priesterschaft wird diese Wendung besonders häufig im Buch Hesekiel benutzt. Dort und hier geht sie zurück auf die ältere Überlieferung vom „Heiligen Krieg“; aus dieser wird hier ein Text zum Vergleich herangezogen.

20 Im Anhang des EKG der unierten Kirchen.

21 Auch hier lassen sich zwei Texte aus dem einen gewinnen, man vergleiche doch einmal:
Wie viele Tiere von jeder Sorte sollen mitgenommen werden? 6,19 f. vgl. 7,2.
Wie lange dauert die Flut? Vgl. 7,4.12.17; 8,6.10 mit 7,11 und 8,13.
Warum will Gott die Erde verderben? 6,5–7 vgl. 6,11–13.
Warum will Gott Noah retten? 6,8 vgl. 6,9.